ANIMALES ARQUITECTOS

Editorial GG, SL
Via Laietana 47, 3.º 2.ª, 08003 Barcelona, España. Tel. (+34) 933 228 161

ANIMALES ARQUITECTOS

Juhani Pallasmaa

Ilustraciones de W. F. Keyl y E. Smith
Traducción de Pilar Vázquez

GG®

Este texto tiene su origen en el catálogo de la exposición *Eläinten Arkkitehtuuri/Animal Architecture* celebrada en el Suomen Rakennustaiteen Museo de Helsinki, mayo-octubre de 1995. Una edición trilingüe (castellano, inglés y alemán) de este texto fue publicada por la Fundación César Manrique, Lanzarote, en 2001.
Las ilustraciones de este libro, obra de W. F. Keyl y E. Smith, grabadas por G. Pearson, se han extraído del libro Wood, J. G., *Homes without Hands*, Longmans, Green, and Co., Londres/Nueva York, 1889.

Diseño gráfico: Toni Cabré/Editorial GG, SL

1ª edición, 3ª tirada, 2021

Printed in Bosnia and Herzegovina
ISBN: 978-84-252-3288-6
Depósito legal: B. 2488-2020

ÍNDICE

PRÓLOGO

Los lectores de este libro se preguntarán cómo a alguien que es arquitecto de formación y profesión, que trabaja en ámbito del urbanismo, de la construcción y del diseño de exposiciones y objetos, puede interesarle una cuestión fundamentalmente relacionada con la biología. Mi interés por las construcciones animales se inició en mi primera infancia, durante la II Guerra Mundial. Pasé aquellos turbulentos años con mi madre en la modesta granja de mi abuelo materno, en la Finlandia Central. Los niños más cercanos estaban a 2 kilómetros, a excepción de mis dos hermanas, menores que yo. Los días eran solitarios y eternos, y muchas veces me pasaba horas y horas solo, observando los animales silvestres, como los roedores de campo, los pájaros, los peces y una inmensa variedad de insectos. Muchas veces, para mi gran asombro, aquellos animales estaban construyendo sus nidos. A través de los agujeros naturales de los troncos y de las rendijas entre los tablones de los graneros y de los desvanes, podía observar desde bastante cerca cómo construían sus nidos de arcilla los vencejos comunes y las golondrinas. También podía observar a las abejas construyendo, con un material parecido al papel, sus maravillosos nidos esféricos, y de vez cuando las cosechas revelaban el acogedor nido de hierba de un ratón de campo. Me fascinaban especialmente unas construcciones diminutas, no más grandes que mi pulgar infantil, fabricadas con piedrecitas o plantas, que se movían lentamente en el fondo de un río cercano a la granja.

Treinta y cinco años después, en una librería de Nueva York, encontré un libro recién publicado, *Animal Architecture*,[1] cuyo su autor era el doctor Karl von Frisch, premio Nobel por sus estudios de etología en 1973. Me fascinó hasta tal punto el tema que me leí prácticamente el libro entero allí mismo, de pie, entre los estantes de la librería, antes de comprarlo. Fue entonces cuando me enteré de que aquellas estructuras de piedra y paja que avanzaban lentamente por el lecho del río eran los sofisticados caparazones de las larvas de la frigánea (*Trichoptera*). También aprendí que los indios americanos aprendieron la técnica de hacer vasijas de arcilla estudiando las cámaras de anidamiento de las avispas alfareras (*Eumenes*), y que las avispas también enseñaron a los chinos a hacer papel hace 2.000 años.

En general, el libro me trajo a la mente recuerdos de las construcciones animales que había visto de niño en la granja de mi abuelo, e inmediatamente decidí montar una exposición sobre este tema tan fascinante, aunque apenas conocido, en el Suomen Rakennustaiteen Museo de Finlandia, en Helsinki. Le escribí a Von Frisch, sugiriéndole que colaboráramos en el diseño de la exposición. A los diez días recibí una cordial carta de la secretaria del famoso científico, en la que me informaba de que este tenía 91 años y creía que ya no contaba con la energía necesaria para participar en mi proyecto, pero me deseaba buena suerte y me daba permiso para utilizar libremente toda la información contenida en su libro.

Debido a otros compromisos profesionales, la investigación y el diseño de la exposición me llevaron casi nueve años. Conté con la ayuda experta de Michael Hansell, de la University of

1 Von Frisch, Karl, *Animal Architecture*, Harcourt Inc., San Diego, 1974.

Glasgow, que es uno de los pocos especialistas en este campo.[2] Hacia el final del proyecto colaboré con un grupo de biólogos finlandeses, entre los que había un ornitólogo, un especialista en lepidópteros, un mirmecólogo, un experto en abejorros y abejas, y asimismo un experto en castores y en las presas que construyen. El hecho de que la exposición tuviera lugar en un museo de arquitectura, en lugar de en un museo de biología fortaleció los puntos de vista arquitectónicos, técnicos y estéticos de estas construcciones no humanas. Asimismo, facilitó que se entendieran las construcciones animales como ideas alternativas a la funcionalidad, a la respuesta medioambiental y la belleza de la arquitectura humana. Una atracción especial de la exposición fue que había una decena de especies constructoras vivas (abejas, hormigas, hormigas león, peces, cangrejos y roedores) que se afanaban en sus tareas constructivas durante los cuatro meses que estuvo abierta. La comunidad de abejas podía volar desde el terrario hasta un parque cercano para recolectar polen y néctar a través de un tubo acrílico que salía por una de las ventanas. Se cubrió el suelo del mueso con 10 centímetros de fina arena, a fin de que la experiencia del visitante guardara cierta distancia con respecto a una visita normal al museo.

Desde la exposición de 1995, he proseguido de una manera informal con mis estudios de arquitectura animal y me he interesado especialmente por el papel de las enormes dimensiones temporales en los procesos de la evolución natural, en las complejidades del comportamiento instintivo y en el papel que desempeña la elección "estética" en la evolución. Este último tema ha sido recientemente tratado en el fantástico libro de Richard

2 Véase: Hansell, Michael H., *Animal Architecture and Building Behaviour*, Longman, Londres/Nueva York, 1984.

O. Prum, *The Evolution of Beauty*,[3] en el que el autor reexamina la controvertida y silenciada segunda obra de Darwin, *El origen del hombre y la selección en relación con el sexo*,[4] sobre los principios de la evolución. En esta obra posterior, Darwin sugiere que los mecanismos selectivos que presentaba en su famoso estudio *El origen de las especies*[5] no explican todas las variaciones en las especies animales y tiene que haber un segundo proceso que venga a completarlos, el de la selección estética autónoma practicada fundamentalmente por las hembras. La sugerencia de que los animales practican un sistema selectivo, que se puede relacionar con la elección estética, sigue sonando increíble. Sin embargo, ciertos modelos matemáticos recientes han demostrado que las dos teorías de Darwin juntas explican la inmensa variedad de especies animales.

Sorprende la falta de interés actual por el mundo de las construcciones animales, un mundo enormemente variado y fascinante, sobre todo cuando tenemos en cuenta que ya en el Renacimiento el barbero y temprano cirujano francés Ambroise Paré (1510-1590) escribía lo siguiente:

> La diligencia y la pericia con las que los animales fabrican sus nidos son tan firmes que no es posible hacerlo mejor que ellos, tan enteramente superan a todos los albañiles, carpinteros y canteros, pues no hay hombre capaz de

3 Prum, Richard O., *The Evolution of Beauty: How Darwins's Forgotten Theory of Mate Choice Shapes the Animal World... and Us*, Anchor Books, Nueva York, 2018.

4 Darwin, Charles, *The Descent of Man, and Selection in Relation to Sex*, John Murray, Londres, 1871 (versión castellana: *El origen del hombre y la selección en relación con el sexo*, EDAF, Madrid, 1982).

5 Darwin, Charles, *On the Origin of Species*, John Murray, Londres, 1859 (versión castellana: *El origen de las especies*, Penguin Random House, Barcelona, 2019).

hacer una casa mejor adaptada a sus necesidades y las de sus crías que las que se construyen estos animalitos. Tan cierto es esto, de hecho, que, según el refrán, los hombres pueden hacerlo todo, excepto "construir nidos".[6]

Sin embargo, durante las dos últimas décadas, han aparecido nuevos planteamientos, como la biónica, la biomimética y la biofilia, "la ciencia y la ética de la vida", desarrollada por Edward O. Wilson, el reconocido ecologista y entomólogo, que han originado un nuevo interés por las complejidades y las perfecciones de mundo biológico.

Seguimos pensando que el reconocimiento de la "belleza" es una cualidad exclusivamente humana. Sin embargo, "créase o no, el objetivo de la evolución es la consecución de la belleza",[7] escribe Joseph Brodsky, el poeta laureado con el premio Nobel. Parece una afirmación bastante polémica, pero a la luz de recientes estudios sobre el origen de la belleza, podríamos encontrarnos frente a unas dimensiones nuevas de la estética y su papel en la biología y la evolución. Las complejidades de la belleza y de la elección estética bien podrían ser el tema de otra exposición.

JUHANI PALLASMAA, OCTUBRE DE 2019

6 Paré, Ambroise, "Le libre des animaux et de l'intelligence de l'homme", en Malgaigne, Joseph-François (ed.), *Ambroise Paré. Oeuvres Completes* (vol. III), Slatkine, Ginebra, 1970, pág. 740

7 Brodsky, Joseph, "An Inmodeste Proposal", *On Grief and Reason*, Farrar, Straus and Giroux, Nueva York, 1997 (versión castellana: "Una proposición inmodesta", en *Del dolor y la razón: ensayos*, Destino, Barcelona, 2000).

LAS MARAVILLAS DE LA ARQUITECTURA ANIMAL

Puede que el tema de la arquitectura animal suene a una de esas "curiosidades del mundo animal", encantadoras, pero carentes de un interés científico que justifique su estudio o su investigación. Sin embargo, cuando se examinan los hábitos constructores de ciertos animales, se encuentran unas estructuras asombrosamente refinadas y unos principios arquitectónicos muy complejos. Es evidente que las estructuras que construyen bastantes especies animales para su propio cobijo y el de sus crías son tan esenciales para su supervivencia como lo es la arquitectura para la existencia y la cultura humanas. Las construcciones animales cumplen esencialmente la misma función que las humanas: modifican, para el beneficio de las especies, el mundo inmediato, incrementando la predictibilidad y el orden del hábitat. Michael Hansell, el principal especialista en los hábitos constructores de los animales, dio a una de sus conferencias el revelador título de "Construye un nido y cambiarás el mundo".

Las construcciones animales son asombrosamente variadas. Prácticamente en todo el reino animal se puede encontrar cierto grado de hábito constructor, y las especies con mayor capaci-

Osa polar y sus oseznos en su osera.

dad constructora están distribuidas en todos los filos, desde los protozoos hasta los primates. Ciertos grupos de aves, de insectos y de arácnidos tienen especial destreza arquitectónica.

No deja de sorprender y de ser motivo de especulación el hecho de que las construcciones de los animales de especies superiores se encuentran entre las menos ingeniosas de todo el reino animal. Por ejemplo, las construcciones de los simios son cobijos hechos de cualquier modo, justo para pasar la noche, comparadas con las metrópolis de las termitas, que tienen millones de habitantes y son utilizadas durante siglos, según se ha podido observar. Si traspasáramos un gran termitero a la escala de las construcciones humanas, su torre tendría más de 1,5 kilómetros de altura y alojaría a toda la población de Nueva York.

Muchos de los hallazgos estructurales y funcionales de las construcciones animales constituyen maravillosos ejemplos de causalidad y perfección. Tras millones de años de evolución y adaptación, la despiadada lucha por la supervivencia ha convertido las construcciones animales en impecables respuestas a sus condiciones vitales. Conforme a las estrictas leyes de economía y eficacia que las gobiernan, en las estructuras animales se reducen al mínimo el trabajo y los materiales empleados. Se ha demostrado matemáticamente, por ejemplo, que la forma de las celdillas de las abejas es el modo más eficaz de almacenar miel en estructuras de cera. El grosor de la pared de las celdillas que componen un panal es de 0,073 milímetros, con una tolerancia de 0,002 milímetros, una precisión que supera con mucho la de los constructores humanos (a principios del siglo XVIII, el famoso científico René-Antoine Ferchault de Réaumur llegó a proponer incluso que se adoptara la celdilla de la abeja como medida estándar).

Las construcciones animales son estructuralmente seguras, y tanto sus formas como el uso de los materiales se han ido optimizando gradualmente por la ley de la selección natural. La estructura de los panales verticales de las abejas, por ejemplo, consta de dos capas de celdillas pegadas por detrás, en las que la posición de sus tabiques presenta un desplazamiento de media celdilla, lo que da lugar a una estructura tridimensional plegada y continúa constituida por unidades piramidales en la superficie de unión. Las celdas hexagonales están inclinadas formando un ángulo de 13° a fin de impedir que la miel se derrame. La estructura es sorprendentemente fuerte: un panal de 37 × 22 centímetros, construido con 40 gramos de cera, puede contener hasta 1,8 kilos de miel.

Los animales llevaban millones de años construyendo antes de que nuestros propios conceptos arquitectónicos empezaran a evolucionar. Las arañas y sus telas empezaron a evolucionar hace cientos de millones de años. Se han encontrado fósiles de araña de 400 millones de años de antigüedad, y hay hormigas conservadas, junto con sus "rebaños" de áfidos, en ámbar datado en la Era Terciaria, hace 40 millones de años. Cuando estos largos períodos evolutivos se comparan con los escasos millones de años de evolución desde la aparición del *Homo erectus*, no extraña que las técnicas constructivas de los animales superen en algunos aspectos a las nuestras. En otras palabras, millones de años antes de que el *Homo sapiens* construyera sus torpes primeras estructuras ya había animales arquitectos sobre la Tierra, y por eso las construcciones animales superan en ocasiones a la arquitectura humana.

Ninguno de los metales creados por el hombre o de las resistentes fibras modernas se aproximan siquiera a la combinación de resistencia y de elasticidad del hilo de tracción de una tela de araña. La resistencia a la tensión del hilo tejido por la araña es más de

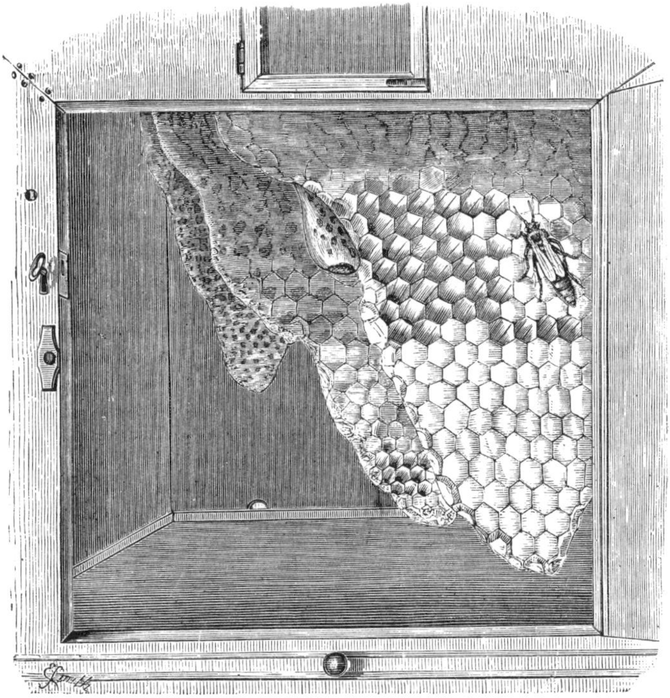

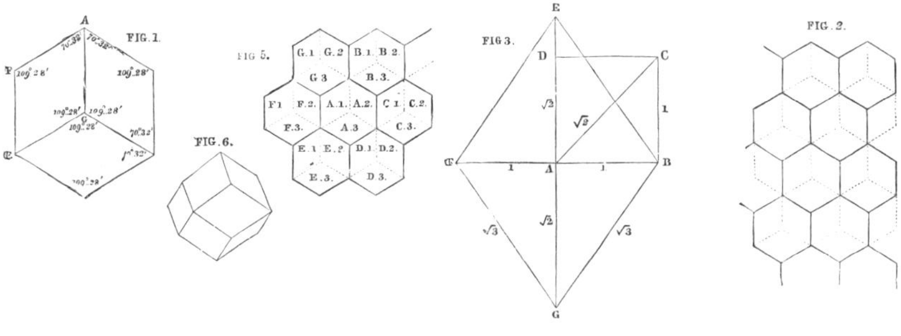

Colmena de abejas y estructura de los panales.

Telas de araña (izquierda) y nidos de araña esféricos (derecha).

tres veces superior a la del acero. La elasticidad de la tela de araña es igualmente sorprendente; antes de romperse llega a alcanzar un 229 % de extensión, frente al mínimo 8 % del acero. El hilo de seda de las telas de araña es incluso más fuerte que el Kevlar, el material que se emplea en los chalecos antibalas y en las máscaras faciales; puede absorber sin romperse impactos cinco veces más fuertes que los que permite este. Según un artículo publicado en *Science News* (21 de enero de 1995), una tela de araña con un grosor de hilo y un tamaño de malla similares a los de una red de pesca podría atrapar a un avión de pasajeros en pleno vuelo. La tela de araña se produce a la temperatura del cuerpo del animal y, consecuentemente, la energía invertida es baja, mientras que en la producción del Kevlar, que se deriva del petróleo, se han de verter las moléculas en un contenedor presurizado de ácido sulfúrico y calentarlas a varios cientos de grados a fin de obligarlas a tomar la forma de cristal líquido. La inversión de energía es alta y además se originan unos residuos extremadamente problemáticos debido a su toxicidad.

Los animales emplean los mismos materiales que muchos pueblos aborígenes y unos métodos de trabajo similares a los de ellos. Dado que, independientemente de que el constructor sea humano o animal, cada material tiene unas formas estructurales óptimas, a menudo las construcciones animales se parecen a las humanas. El Instituto de Estructuras Superficiales Ligeras de la Universidad de Stuttgart, que dirige Frei Otto, ha llevado a cabo extensivos estudios microscópicos de los refinados principios y detalles estructurales de las construcciones de las arañas, tomándolas como base para el diseño de una nueva modalidad de estructuras ligeras. Las telas de araña presentan numerosas sutilezas estructurales, tales como mecanismos de amortiguación de los golpes y otros

Avispero.

accesorios que nosotros estamos empezando tan solo a aplicar en el diseño de nuestras estructuras tensoras.

Las construcciones animales son además impresionantemente hermosas, aunque la belleza es claramente una categoría que solo pertenece a la mente y el ojo humanos. La extraordinaria belleza de las construcciones animales responde a las mismas características que hacen incontestablemente hermosas ciertas arquitecturas humanas: sus formas y estructuras nacen del contexto y de la inevitabilidad de la lógica estructural y funcional. La verdadera belleza de la arquitectura animal radica en su total integración tanto en la forma de vida de su constructor como en el equilibrio dinámico de la naturaleza.

Por otro lado, los pájaros pergoleros exhiben unas pautas constructivas casi decorativas, en las cuales el premio Nobel Karl von Frisch ve el germen de los comportamientos estéticos. Estos pájaros decoran las enramadas en las que viven con flores multicolores y objetos que incluso pintan utilizando bayas machacadas a modo de pigmento y trocitos de corteza de los árboles como pinceles. La presentación ritual de un capullo de seda vacío o de una simple piedra como una ofrenda a la hembra por parte de los machos de ciertas especies de insectos, como la mosca bailarina, o algunas arañas, parece a primera vista un ejemplo de comportamiento estético, pero un examen más detenido revela que tras el gesto hay una estrategia evolutiva. El principio que gobierna la vida es propagar los propios genes de la forma más eficaz posible. Este objetivo puede incluso conducir a los machos de ciertas especies de arañas a dejar que la hembra los devore durante la cópula a fin de garantizar que los genes de otro macho no interferirán con los suyos en el proceso de reproducción.

Se observó entre un grupo de chimpancés en libertad que, tras haber matado y devorado un colobo, se colgaban en alguna parte de su cuerpo trozos de la piel de este. Un hembra llamada Ako llevaba un trozo de esta piel atada formando un bucle alrededor de su cuello. ¿Qué significado tiene el collar de Ako? ¿Indica acaso el inicio de la ornamentación?

El artista francés Hubert Duprat utiliza para sus obras de arte el instinto constructor de las larvas de las frigáneas. Deshace la cápsula larval, construida con ramitas y minúsculos trocitos de piedra, y pone la larva desnuda en un acuario cuyo fondo está cubierto de perlas y pepitas de oro. La larva se vuelve a construir una nueva cápsula con estos materiales preciosos, obedeciendo a un instinto genéticamente programado. ¿Es la construcción resultante una pieza de arte humano o animal?

Es significativo que el filósofo de la ciencia Gaston Bachelard haya incluido en su obra fundamental *La poética del espacio* un capítulo dedicado a los nidos. En este influyente libro sobre la poética de la iconografía arquitectónica, Bachelard cita una opinión de Ambroise Paré:

> La iniciativa y la técnica con las que construyen sus nidos los animales es tan eficaz que no es posible mejorarlas de tanto como superan a los albañiles, carpinteros y canteros. Pues no hay hombre que sea capaz de construir una casa tan adecuada para él mismo y para sus crías como las que se construyen estos animalitos. De esta verdad procede el proverbio según el cual el hombre puede hacerlo todo salvo construir un nido igual que los pájaros.[8]

8 Paré, Ambroise, *op. cit.*, pág. 740.

Nuestros conceptos arquitectónicos convencionales se limitan a la actividad constructora que se ha desarrollado más o menos durante los 5.000 años de cultura occidental. Durante las dos últimas décadas, sin embargo, el ingenio y la belleza de las tradiciones arquitectónicas de toda una diversidad de culturas ha venido acaparando la atención de los arquitectos occidentales. Hace 2.000 años, los chinos aprendieron de las avispas a hacer papel, y siempre se ha pensado que las cámaras de puesta que construyen con arcilla las avispas alfareras habían servido de modelo para las vasijas de ciertas tribus de indios americanos. ¿Podremos hoy, tal vez, aprender algo de las adaptaciones ecológicas de las construcciones animales?

SIGNIFICADO DE LA ARQUITECTURA ANIMAL

Se diría que el grado de sofisticación de las construcciones animales guarda una relación indirectamente proporcional con el tamaño del constructor: es evidente que el nido ofrece relativamente menos protección para un animal grande que para uno pequeño. Además, la forma en la que nace la cría y su cuidado posterior también tienen que ver en el tipo de ventajas que ofrece el artefacto arquitectónico en cuestión. Y cada material y modalidad de estructura tienen una escala óptima que viene definida por sus propiedades específicas.

Las construcciones aumentan la esperanza de vida de los animales y de sus crías, y mejoran las posibilidades de reproducción. La importancia de la construcción del nido es evidente, por ejemplo, en el número de huevos que necesitan producir ciertas especies de peces y de ranas a fin de garantizar la procreación. El bacalao y la carpa, que ponen sus huevos directamente en el agua, necesitan producir, respectivamente, unos 9 millones y entre medio y un millón de huevos a fin de asegurar la supervivencia de su especie, mientras que el salmón solo necesita unos 15.000 huevos, que pone en un hueco superficial en el fondo arenoso.

Ciertas especies de escualos que viven en los lagos tropicales guardan sus huevos y sus crías en la boca, que funciona como un nido vivo. Esta forma de incubación reduce la pérdida de huevos hasta el punto de que algunas especies solo ponen entre cuatro y ocho huevos.

La rana de Darwin (*Rhinoderma darwinii*) incuba sus huevos en el saco bucal, un profundo repliegue de la piel que parte de la zona frontal de la boca, y solo pone entre 20 y 30 huevos, y la rana voladora de Java (*Rhacophorus reinwardtii*), que construye un soberbio nido de espuma neumática colgado de una rama sobre el agua, pone entre 60 y 90 huevos, mientras que la rana verde comestible (*Rana esculenta*) tiene que poner unos 10.000, ya que, una vez que ha sido fecundada y ha desovado, se despreocupa de su progenie.

ESCALA Y PRECISIÓN DE LAS CONSTRUCCIONES ANIMALES

Cuando pensamos en las construcciones animales, por lo general tendemos a pensar en los nidos de pájaros pequeños o en la técnica constructiva, aparentemente tosca, de las ardillas. Pero muchas construcciones animales pueden exceder la escala de las construcciones humanas, particularmente en relación con el tamaño del constructor, y otras están construidas con una precisión inimaginable en las construcciones humanas normales.

Las construcciones animales más grandes en tamaño absoluto son los diques de los castores; el dique más grande que se conoce tiene 1,2 kilómetros de largo. La tela, continuamente ampliada, de ciertas especies de arañas tejedoras (*Araneus sermoniferus*, *Uloborus republicanus*), construidas por miles de individuos, pueden llegar a tener cientos de metros, que trasladados a la escala humana equivaldrían a casi 20 kilómetros. Los nidos del republicano, un pájaro tejedor que vive en grupo, pueden alcanzar unos 2 metros de grosor y un diámetro de 9 metros.

Los nidos más altos de las termitas miden unos 9 metros, lo que equivale a casi 3 kilómetros en la escala humana. Y un termitero de gran tamaño puede llegar a pesar 12 toneladas. Los túneles que horadan las termitas del desierto alcanzan los 40 metros de profundidad, lo que en escala humana equivale a casi 10 kilómetros.

En el extremo microscópico de la escala de las estructuras animales, el hilo normal de una araña adulta de gran tamaño es de 0,010-0,012 milímetros, pero las arañas cribeladas producen una tela de captura compuesta de 50.000 hilos cuyo diámetro no sobrepasa los 0,0002 milímetros, al tiempo que ciertas especies del género *Loxosceles* capturan a sus presas con unas bandas tejidas con unos hilos incluso un poco más finos. Las larvas de las frigáneas *Helicopsyche* construyen una cápsula portátil de unos 4 milímetros de diámetro que se parece a una concha de caracol. Cuando se ve ampliada en el microscopio, sin embargo, se percibe una estructura tubular en espiral compuesta por minúsculos granos de arena pegados con seda. Las arañas de menor tamaño hacen unos capullos aún más pequeños, y en algunas especies estos capullos suspendidos tienen una perfecta forma cúbica.

ANIMALES MAESTROS CONSTRUCTORES

La aparición de constructores en los filos animales es bastante impredecible; hay concentraciones de talento arquitectónico, como sucede entre los moluscos gasterópodos y las aves. Y las especies no tienen que ser particularmente inteligentes o avanzadas para poseer una buena técnica constructora: entre los protozoos se pueden encontrar construcciones impresionantes y muchas de las especies mejor dotadas para la construcción se encuentran entre los metazoos inferiores.

Los animales constructores nos enseñan que la organización de la vida animal, incluso de la más sencilla, es asombrosamente compleja y sutil. Los estudios realizados con microscopios electrónicos de barrido revelan un refinamiento de las estructuras en una escala invisible al ojo humano y allende las capacidades de los constructores humanos.

La evolución del hombre depende tanto del desarrollo de sus manos como de su capacidad de pensamiento. De hecho, el desarrollo del cerebro está directamente relacionado con el desarrollo de la mano. No es de extrañar, pues, que Martin Heidegger, uno de los pensadores del siglo XX, relacione las manos con el pensamiento en uno de sus más conocidos ensayos, *¿Qué significa pensar?*:

Nidos de *Ptilotus sonorus* (arriba izquierda), sedosito gorjigualdo (abajo izquierda), mielero pintado (centro), mielero pechirrufo (arriba derecha) y acantiza (abajo derecha).

> La esencia de la mano nunca puede determinarse ni explicarse como la de un órgano que agarra [...]. Todo movimiento de la mano en cada una de sus acciones conduce al pensamiento; toda carga de la mano se soporta a sí misma en el elemento.[9]

Todas las especies animales que construyen tienen una elevada técnica manipulativa, y esto es especialmente evidente en el caso de las tres clases principales de constructores. Las arañas y los insectos derivan su técnica del hecho de estar dotados de múltiples patas articuladas y sutiles piezas bucales, mientras que los pájaros poseen unos afilados picos unidos a unas cabezas extremadamente móviles, lo que les permite unos movimientos muy precisos. La técnica constructiva basada en la capacidad manipulativa resulta bien ejemplificada por la forma, casi humana, en la que tejen, trenzan y anudan ciertas especies de pájaros tejedores. Un inventario de los nudos de estos pájaros podría confundirse fácilmente con una página del manual de nudos de los *boy scouts*.

SOLUCIONES SIMILARES

No deja de ser sorprendente que animales pertenecientes a especies totalmente diferentes hayan dado soluciones parecidas a sus problemas constructivos. Las estructuras construidas para funciones similares tienen con frecuencia características similares, y los animales que utilizan los mismos materiales han de

9 Heidegger, Martin, *Was heisst Denken?* [1951-1952] (versión castellana: *¿Qué significa pensar?*, Trotta Editorial, Madrid, 2010).

someterse por igual a sus características físicas y estructurales. Por esa misma razón, a menudo las construcciones animales tienen un paralelo directo en las construcciones humanas. Las culturas tradicionales emplean los mismos materiales naturales que los animales —como fibras vegetales, hojas, ramas, arcilla, barro, excrementos animales o nieve— y están obligados a trabajar estos materiales de acuerdo con sus propiedades físicas.

Tres especies animales, por ejemplo, han ingeniado, cada cual por su cuenta, un mecanismo para la elaboración de papel. Algunas especies de avispas producen un material semejante al papel, para lo cual emplean pequeñas partículas de madera que roen de los árboles y de los postes como materia bruta y luego mezclan estas fibras con su saliva, que tiene propiedades endurecedoras. Algunas termitas también hacen papel con partículas de madera, pero utilizan su saliva o sus excrementos a modo de cemento para hacer una sustancia similar al cartón. Las hormigas han desarrollado otro método distinto de construcción de nidos de cartón. La hormiga cortadora de la especie *Lasius fuliginosus* impregna las partículas de madera con una solución azucarada, la cual crea una sustancia nutritiva para sus huertos de hongos, cuyas hifas, a su vez, unen las partículas, reforzando así la estructura del nido. Este sistema tiene la ventaja de combinar un sistema de cultivo con una forma de reforzar la resistencia estructural de la casa.

Incluso las aves han inventado una forma de producir un tipo de cartón. Los pájaros australianos del género *Atrichornis* forran el nido con una sustancia vegetal previamente masticada que cuando se seca forma un material parecido al cartón. El zorzal común *Turdus philomelos* forra el interior del nido con fibras de madera podridas, que crean un tipo de pasta que al endurecerse toma el aspecto de cartón.

Otro ejemplo de un invento similar realizado por diferentes animales es el de las estructuras neumáticas que construyen varias especies, las cuales no solo pertenecen a grupos totalmente distintos, sino que además emplean métodos diferentes. Las larvas de la chinche espumadora producen la espuma exhalando aire en una gota del fluido viscoso que excretan alrededor de su cuerpo, mientras que el pez paraíso (*Macropodus opercularis*) construye sus nidos haciendo burbujas en la superficie y mezclándolas con una secreción salivar. Las ranas voladoras de Java (*Rhacophorus reinwardtii*), por su parte, producen sus hermosas casas de espuma por el procedimiento de batir su mucosa secretada con sus patas traseras durante la cópula. Luego la espuma va soltando gradualmente parte del agua entre las hojas que envuelven el nido, de modo que proporciona a las crías una especie de mínimo estanque cerrado. Finalmente, el fondo del nido de espuma se abre y las jóvenes ranas caen al agua, bajo la rama en la que este estaba colgado.

UTILIZACIÓN DE HERRAMIENTAS

Antes de entrar en las soluciones arquitectónicas animales, daré más ejemplos de artefactos inventados por estos.

El *Australopithecus*, que vivió hace un millón de años y al que se considera el representante más primitivo de la familia del hombre, sabía cómo modelar la piedra para fabricar herramientas y cómo afilar sus bordes para hacerlos cortantes. Se suele considerar que esta capacidad, junto con la del habla, constituyen las cualidades que diferencian fundamentalmente al hombre del resto de los animales.

Sin embargo, el empleo de herramientas independientes de sus partes corporales no es en absoluto desconocido en el mundo animal. Aunque a primera vista parezca que la definición de herramienta tendría que ser sencilla, en realidad, es un tema muy controvertido. En su detallado libro sobre el uso animal de las herramientas, Benjamin B. Beck ofrece veintiún modos de uso y cuatro de fabricación de herramientas por parte de los animales. Las avispas, por ejemplo, utilizan una piedrecita, que sostienen entre sus mandíbulas, para compactar la entrada de tierra de sus avisperos subterráneos, y la nutria de mar (*Enhydra lutris*) emplea una piedra a modo de yunque para abrir las conchas marinas, mientras que el alimoche (*Neophron percnopterus*) usa piedras para romper los huevos, y la gaviota argéntea (*Larus argentatus*) aplasta los moluscos marinos dejándolos caer sobre una superficie dura. El milano negro (*Milvus migrans*) ha aprendido incluso a provocar fuego en el bosque a fin de hacer salir de sus madrigueras a sus presas.

Animales muy diferentes pueden utilizar herramientas parecidas con fines similares: el pinzón carpintero de las Galápagos (*Cactospiza pallida*), por ejemplo, utiliza una espina de cactus para sacar larvas de insectos de la corteza de los árboles, de forma parecida a los chimpancés, que insertan un palito en los termiteros a fin de extraer sus suculentos pobladores. Los animales emplean incluso herramientas para comunicarse: los grillos han inventado un amplificador de sonido; mientras que los chimpancés utilizan un tronco de árbol hueco a modo de tambor, o se construyen uno con arcilla sobre un lecho de turba porosa que dejan secar antes de emplearlo en sus danzas rituales.

Los animales también son capaces de aprovechar las condiciones externas. Las arañas de agua, que respiran aire, emiten largos filamentos de seda a los que se agarran para ser transportadas por el viento a grandes distancias. La colonia de pólipos marinos conocida como fragata portuguesa (*Velella velella*), expone su flotador al viento y se deja llevar por él, como lo hacen a veces las ballenas. El caracol violeta del género *Janthina* flota en la superficie del agua sirviéndose de una balsa que elabora con burbujas de aire envueltas en mucus.

Otros artefactos animales que se asemejan a herramientas son el yunque del pájaro carpintero, que es un tocón con una cavidad en forma de cuña para sujetar las piñas; el chorro de agua que emplea el pez arquero (*Trichogaster jaculatrix*) contra sus presas o la bola pegajosa colgada de un filamento que las arañas australianas de la especie *Mastophora* balancean hacia sus presas.

Los pájaros pergoleros de la familia *Ptilonorhynchidae* incluso han inventado un tipo de pincel; el macho pinta el interior de la enramada donde anidan con un trozo de corteza de árbol, que impregna en el jugo de arándanos u otras bayas similares que ha machacado con el pico. Los chimpancés mastican la hoja de una planta para fabricar una sustancia esponjosa con la que sacan el agua de los agujeros de los árboles a los que no pueden llegar directamente con la boca. Las hormigas del género *Aphaenogaster* utilizan una técnica similar, y se ha observado que echan trocitos de hojas o granos de tierra en los alimentos líquidos y después de dejarlos remojar, los transportan al hormiguero.

El invento más extraño e ingenioso del mundo animal es el telar, con huso y lanzadera, que utiliza la hormiga costurera (*Oecophylla smaragdina*). Una obrera sostiene una larva entre sus mandíbulas, y con la seda que secreta esta, une los extremos de las hojas —convenientemente sujetas por otras obreras— a fin de construir un nido.

La idea de unas herramientas animales es fascinante, pero puede que no se trate de nada especial si la comparamos con otras técnicas y artefactos inventados por ellos. Después de todo, el martillo de la avispa cazadora *Ammophila* es un invento menor, si lo comparamos con el pulmón artificial de los termiteros.

ANIMALES INVENTORES

Los animales también han llevado a cabo inventos propiamente arquitectónicos. Numerosos animales han encontrado ingeniosas soluciones para cerrar sus nidos o celdas de almacenamiento. Varias especies animales también han inventado la puerta. El ciliado *Canticola velveta*, produce una loriga que tiene una tapa articulada que se cierra cuando el organismo se retrae al interior. La larva de la frigánea *Synagopatus ater* construye una asombrosa vivienda de dos pisos con piedras unidas con bandas de seda. El piso superior tiene un canalillo que dirige agua rica en oxígeno hacia la vivienda. El reborde basal de la estructura funciona como una ventosa para adherir la estructura firmemente al fondo del río en corrientes de 20 centímetros por segundo o superiores. El animal puede llegar a las algas que crecen en la superficie de las piedras bajo su vivienda a través de dos trampillas practicadas en el suelo.

Las avispas cierran los agujeros en donde anidan con unas piedras que abren y cierran continuamente, mientras que las abejas cortadoras de hojas (*Megachile willoughbiella*) recortan de las hojas unos discos perfectamente circulares con los que cierran sus nidos tubulares.

La araña trampillera (*Nemesia cementaria*) fabrica una puerta articulada de bordes biselados que se ajusta con absoluta precisión al brocal de su nido tubular forrado de seda y abierto en el suelo: esta puerta cuenta incluso con un picaporte (que, por cierto, recuerda a un diseño concreto de Antoni Gaudí).

Además, algunos animales han inventado una puerta falsa a fin de ocultar la entrada real de su nido. Lo que parece la entrada del nido del pájaro moscón (*Remiz pendulinus*) lleva a una bolsa vacía, mientras que la entrada real está oculta bajo un colgajo flexible que el pájaro abre y cierra cuando entra.

El vencejo rebihorcado (*Panyptila cayennensis*) construye su nido de arcilla bajo los salientes de los acantilados. La entrada, dotada con un tubo de 60 centímetros de largo, es por debajo, pero en el medio hay una entrada ficticia para engañar a las aves depredadoras.

A la lista de los inventos arquitectónicos animales podríamos añadir el sistema de autopistas de las hormigas, los pasadizos cerrados de las termitas, las escaleras y rampas de las termitas *Apicotermes*, el pasaje vertical de comunicación de la torre de papel que construyen las avispas del género *Chartergus*, y las diminutas ventanitas de saliva endurecida que fabrica en su nido de papel la avispa tropical *Metapolybia pediculata*. Es probable, sin embargo, que estas ventanas no tengan la función de iluminar el interior, sino que sean una forma de camuflaje: los puntos transparentes de las ventanitas hacen que el nido desaparezca entre las sombras de la vegetación.

Y, finalmente, el escarabajo pelotero (*Scarabeus sacer*) ha inventado la rueda; la forma que tiene este animal de transportar hasta su almacén el estiércol que le sirve de alimento es haciéndolo rodar.

Escarabajo pelotero.

Corales y madréporas.

Numerosos animales presentan unas intrincadas y hermosas estructuras corporales externas, tales como los esqueletos secretados de ciertos protozoos, los pólipos de coral, las esponjas o las conchas de los caracoles y de los moluscos gasterópodos y los huevos de las aves, admirables por su combinación de funcionalidad y hermosura. Todos estos, sin embargo, no son construcciones externas, sino secreciones metabólicas pasivas. Pese a su atractiva belleza, se han excluido de este estudio de la arquitectura animal.

Varias especies animales han desarrollado también adaptaciones fisiológicas que cumplen las mismas funciones que las construcciones externas desarrolladas por otras especies: los propios animales o ciertas partes de su cuerpo se han convertido en un tipo de arquitectura viva.

El protozoo *Difllugia* ha desarrollado un sistema particular de ingerir elementos constructivos junto con sus alimentos, por lo general algas diminutas. Este animal incorpora a su protoplasma fluido partículas imposibles de digerir, como granos de arena. Estas partículas de arena salen del interior del protoplasma a la superficie exterior, donde se cementan con una secreción del animal a fin de formar una cápsula protectora en forma de urna. Los granos están encajados con toda precisión, lo que necesariamente implica la existencia de un delicado sistema de selección y orientación.

Otro protozoo ameboide, la *Euglypha rotunda*, construye una bella teca o estuche regular de granos de sílice secretados en el interior del organismo. Estas placas prefabricadas en el interior fluyen a la superficie del cuerpo y son dispuestas regularmente para formar un estuche semejante a una piña de abeto.

Algunas especies de hormigas no construyen un hormiguero propiamente dicho, porque son nómadas y están en perpetuo movimiento. En el caso del género sudamericano *Eciton*, toda la colonia se apiña para pasar la noche formando un montón esférico que rodea y protege a la reina en el centro; la propia colonia forma su propio nido protector. Uno de estos agregados de hormigas soldado puede llegar a tener el volumen de un metro cúbico.

Las hormigas tejedoras (*Oecophylla*) se unen para formar puentes vivos a fin de juntar los extremos de las hojas y formar con ellas la cavidad de sus nidos, mientras que un equipo de trabajo de ratas topo, en fila india, constituye una auténtica cadena transportadora que conduce al exterior la tierra excavada dentro de los túneles.

En algunas especies de hormigas una curiosa especialización o sistema de castas convierte a los individuos en elementos arquitectónicos. Algunas especies del género *Colobopsis* construyen sus hormigueros dentro de los troncos de los árboles cuyo diminuto agujero de entrada está cerrado por la cabeza de un miembro de la casta de porteras. Esta casta desarrolla unas cabezas más grandes y planas, que encajan perfectamente en la apertura y están adaptadas al color y la textura de la corteza del árbol. Las hormigas porteras solo dejan pasar a los miembros de su comunidad, que reconocen por el olfato. En el caso de que el agujero de la apertura sea mayor que la cabeza de las hormigas porteras, estas hormigas lo reducen de tamaño con un material parecido al papel maché o bien son varias las hormigas que se encargan de mantenerlo cerrado.

Entre las hormigas del desierto americano del género *Myrmecocystus*, algunas obreras se especializan en ser odres vivos de jugo de plantas. Sus cuerpos están llenos de miel, y ellas permanecen inmóviles, suspendidas del techo del hormiguero a fin de proporcionar jugo al resto de los miembros de la colonia.

La incubación en la boca de ciertos peces mandibulados o la incubación y cría en el saco bucal en el caso de la rana de Darwin (*Rhinoderma darwinii*) son otros ejemplos de arquitectura viva.

En los peces aguja (*Syngnathidae*), la hembra pone los huevos en un repliegue de la piel en forma de bolsillo situado bajo el estómago del macho, en donde son incubados.

Otra adaptación a una situación ambiental particular que tampoco implica la construcción de un nido es el huevo de los araos (género *Uria*). La hembra pone los huevos directamente sobre un estrecho saliente de los acantilados, y la forma peculiar del huevo impide que se caiga. La salangana (*Cypsiurus parvus*) tiene otro método para impedir que se caigan sus huevos: la hembra construye un nido muy superficial en forma de cuchara sobre una hoja de palma y pega con saliva el huevo al fondo de este nido.

El macho del pingüino emperador (*Aptenodytes forsteri*), que mide como un metro de alto en posición erecta, incuba un solo huevo durante dos meses entre las membranas de sus patas, cubiertas desde arriba, en una bolsa destinada a la incubación que es un profundo pliegue que cae desde su abdomen: las patas del pingüino tienen una densa red de vasos sanguíneos que mantiene el huevo caliente durante el invierno antártico.

Una forma de solucionar el problema de la vivienda con la que se ahorra tiempo y energía es aprovecharse del nido o madriguera construido por otro animal. Los cangrejos ermitaños (*Paguridea*) buscan caracolas o conchas de moluscos de un tamaño adecuado al suyo que hayan sido abandonadas. A medida que crece, el cangrejo se va mudando a conchas mayores. El cangrejo ermitaño lleva tanto tiempo viviendo dentro de las caracolas que la parte trasera de su cuerpo ha perdido la rígida armadura propia de los crustáceos y en su lugar tiene una piel blanda, que incluso se ha adaptado a la forma espiral de la concha. A menudo la casa concha de este cangrejo suele estar protegida con pólipos de coral adheridos a su superficie.

La abeja solitaria *Osmia bicolor* emplea una concha de caracol vacía para alojar a sus larvas. Esta abeja deposita una papilla especial —pan de abeja— en las espiras superiores de la concha y pone los huevos sobre lo que será el futuro alimento de las larvas. Luego cierra el paso con una pared hecha con hojas masticadas, dejando espacio suficiente para que crezcan las larvas. Tras ello, la abeja pasa a rellenar el resto de las espiras con piedrecitas y cierra el extremo con otra pared de pasta de hojas. Finalmente, recoge palitos secos, hojitas de hierba y agujas de pino que amontona sobre la concha para ocultarla.

Algunas especies de avispas solitarias no excavan para hacer sus avisperos subterráneos, sino que utilizan cavidades naturales, como los agujeros de los escarabajos o las cavidades tubulares de las ramas de los zumaques. Estas avispas se denominan "inquilinas" en referencia a su hábito de aprovechar un hueco ya existente. Las "inquilinas" a veces utilizan las cavidades usadas antes por otras especies de avispas, o incluso llegan a expulsar de su nido a otras avispas o abejas.

La avispa africana *Odynerus vespiformis* lleva gotas de agua a los nidos de barro fabricados y abandonados por otras abejas a fin de romperlos y remodelarlos para su propio nido.

Las avispas pompélidas atacan a las arañas trampilleras y se apoderan de sus nidos tubulares forrados de seda; en el transcurso de la evolución, muchas especies de avispas pompélidas que anidan habitualmente en los tubos de estas arañas trampilleras han perdido incluso los cilios de las patas utilizados para excavar en la tierra o la arena, que poseen otras avispas parecidas.

Conocido de todos es el hábito del cuco de poner los huevos en los nidos de otras especies y de no preocuparse ni de la construcción del suyo propio, ni del cuidado de las crías. Pero esta es una estrategia común también entre las avispas parasitarias. El siluro moteado (*Synodontis multipunctatus*) ha aprendido a aprovecharse de las especies que incuban en la boca y pone sus huevos entre los de estas.

Y una forma más de evitar la construcción del nido es la que utilizan algunas avispas de la familia *Cynipidae* y otros animales productores de agallas en las plantas, entre los que se incluyen áfidos, ácaros, polillas, escarabajos, moscas y mosquitos. Cierta sustancia segregada por estos insectos activa la formación de esas excrecencias o agallas en el tejido de la planta, que se convierten en cobijos para proteger sus huevos y, en ciertos casos, sus larvas.

FUNCIONES DE LAS CONSTRUCCIONES ANIMALES

Las construcciones animales cumplen toda una multitud de funciones. Las funciones de muchas de ellas o de sus partes parecen obvias, sin embargo, a menudo es muy difícil demostrar experimentalmente su causalidad. Michael Hansell ofrece una clasificación de estas funciones en su completo libro dedicado a la arquitectura animal. La bibliografía sobre los comportamientos constructivos de los animales sugiere que se pueden añadir algunas funciones más a las categorías de Hansell. (Las categorías añadidas por mí aparecen en cursiva.)

Protección frente al entorno físico
- Control de la temperatura
- Gestión del agua
- Impermeabilización y control de la humedad
- Ventilación y renovación del aire
- Gestión de los residuos

Protección frente a los depredadores
- Evitar ser detectados o reconocidos
- Protección mecánica
- *Protección de los nidos por asociación*

Obtención de alimentos
Agricultura
Ganadería
Enrollado de hojas
Captura de presas
Almacenamiento

Comunicación
Estructuras que ayudan a la transmisión
Selección de pareja y reproducción.

Decoración

En los apartados que siguen se describen en detalle las funciones de las construcciones animales.

PROTECCIÓN FRENTE AL ENTORNO FÍSICO

Lo más frecuente es que las construcciones animales tengan la función de proteger a las crías, particularmente entre los vertebrados y las aves. En la mayoría de los casos sus nidos o madrigueras no tienen otro objetivo, aunque algunas especies emplean para dormir los nidos antiguos. Hay especies que construyen nidos solo para dormir, pero estos suelen ser claramente diferentes de los nidos construidos para la cría.

Entre los insectos, solo las especies poco sociables construyen estructuras dedicadas al descanso. En casi todos los insectos con una estructura social, los nidos acomodan y protegen a toda la colonia en todas las fases de su ciclo vital.

Ornitorrinco.

Control de la temperatura

El control de la temperatura queda bien demostrado por los numerosos nidos de aves que utilizan capas de musgo, líquenes, plumas o algodón a fin de crear tanto la estructura como el aislamiento térmico de la construcción. El aislamiento térmico del nido del piquituerto (género *Loxia*) es tan bueno que permite a este pajarito incubar sus huevos durante los meses más fríos del invierno nórdico, llegando incluso a estar cubierto de nieve.

Se ha comprobado que los nidos ocupados por los pájaros republicanos (*Philetarius socius*) mantienen una temperatura interna superior en 20 °C a la temperatura exterior de su hábitat, el desierto de Kalahari, donde las temperaturas nocturnas en invierno pueden bajar hasta -10 °C.

Las madrigueras de nieve del lagópodo (*Lagopus lagopus*) en Laponia y del pardillo norteño (*Acanthis flammea*) son ejemplos de cobijos animales reminiscentes del iglú esquimal. La cavidad de la madriguera del lagópodo mantiene una temperatura entre 7 y 8 °C por encima de las temperaturas externas, un incremento decisivo durante la noche ártica, cuando estas suelen bajar hasta -50 °C. El nido de nieve de la liebre nórdica, que es muy similar, parece estar construido como protección contra los depredadores más que como una forma de control de la temperatura.

Ciertas aves galliformes como el faisán australiano (*Leipoa ocellata*) construyen verdaderos nidos monumentales para el control de la temperatura. Estas especies levantan un montón de abono que produce el calor necesario para el desarrollo de sus huevos; el nido puede llegar a tener 5 metros de alto y 12 de diámetro. El macho controla continuamente la temperatura con el pico y o bien ventila el montón o bien añade más abono a fin de mantener una temperatura en torno a los 34 °C. La precisión con la que miden la tempe-

Aborígenes australianos cazando talégalos y recolectando sus huevos de los montículos de incubación.

ratura estos animales tiene un margen de error inferior a un grado centígrado. A finales del verano, cuando el sol está bajo, el pájaro extrae los huevos del nido y los calienta directamente al sol.

La termita australiana *Amitermes meridionalis* orienta sus termiteros, que pueden llegar a tener casi 4 metros de altura, tres de ancho y uno de grosor, exactamente en dirección norte-sur, a fin de minimizar la canícula del medio día y maximizar el calor de las primeras horas de la mañana y últimas de la tarde. Las termitas se trasladan de un extremo al otro del termitero a fin de mantener en su entorno inmediato la temperatura óptima. Se ha sugerido que su forma en cuña puede tener la función básica de facilitar el intercambio gaseoso por el procedimiento de incrementar la superficie en relación con la proporción de masa. La orientación en paralelo de los bloques de las termitas evoca la disposición de los proyectos residenciales funcionalistas. Sin embargo, estas termitas no necesitan ni una teoría ni un instrumento; son capaces de sentir el campo magnético de la Tierra y orientan sus construcciones en consecuencia.

Los nidos de las avispas formados por capas de papel llevan intercaladas capas de aire estanco como eficaz aislante térmico. Pero las avispas también han inventado un verdadero sistema de calefacción: en la zona de incubación, un grupo especial de obreras actúa de radiadores vivos y mantienen la temperatura a unos 30 °C, para lo cual realizan un ejercicio muscular constante, contrayendo y ensanchando sus abdómenes rápidamente. Pero como en el verano los nidos pueden llegar a calentarse demasiado, las avispas transportan agua para humedecer las celdas y refrigerarlas por evaporación.

Las abejas necesitan crear y mantener los 35 °C de temperatura que precisan para la secreción de la cera. Cuando empiezan a construir sus panales, se unen en cadena para formar un grupo

Avispa alfarera.

circular dentro del cual pueden llegar a alcanzar los 35 °C requeridos. Asimismo, emplean su calor corporal, ventilan el panal agitando las alas o transportan agua para refrigerarlo por evaporación. Los panales de miel tienen una inclinación de 13° a fin de impedir que la miel se derrame fuera cuando la colmena está a su temperatura normal.

En las cálidas regiones volcánicas de Salerno, se ha observado que las abejas mezclan propóleo (fabricado por ellas) con la cera a fin de elevar el punto de fusión de esta. Por otro lado, ciertos pájaros de pequeño tamaño que habitan en las islas volcánicas se aprovechan del calor natural que tienen a su disposición. En lugar de construir sus nidos en bosques y de tomarse el trabajo de incubar los huevos, como lo hacen sus parientes de todo el mundo, excavan galerías en la tierra blanda del suelo a modo de incubadoras; este es un ejemplo de la sorprendente flexibilidad que puede darse en la conducta animal condicionada.

La superficie de los hormigueros de la hormiga roja europea (*Formica rufa*) presenta numerosos agujeritos que tienen la doble función de entrada y ventilación: por la noche y cuando hace frío, estas hormigas obturan los agujeros para mantener el calor. Las obreras también mantienen las pendientes del hormiguero en el ángulo adecuado a fin de obtener la máxima cantidad de calor solar. Asimismo, aportan calor extra a su vivienda por el procedimiento de tomar el sol al mismo tiempo un gran número de ellas y llevar luego la energía calorífica recogida en sus cuerpos de vuelta al hormiguero.

Gestión del agua

Los hormigueros, los nidos de los pájaros republicanos, los nidos cubiertos de los tejedores y de otras especies de pájaros,

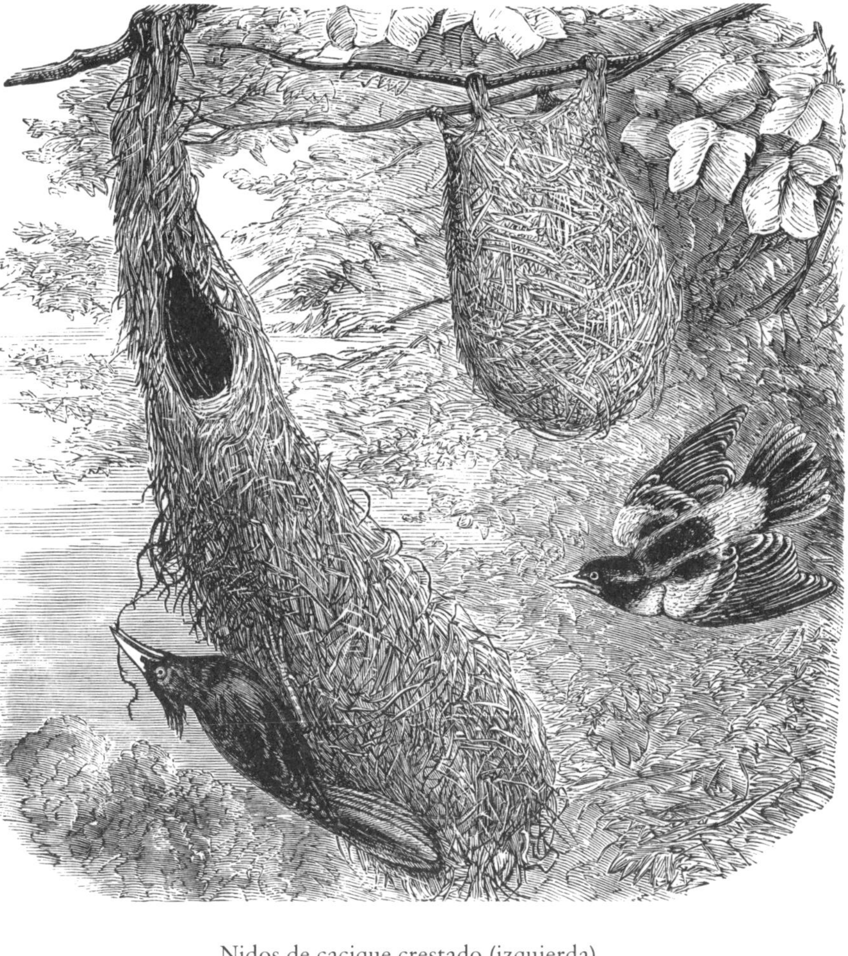

Nidos de cacique crestado (izquierda)
y oropéndola de Baltimore (derecha).

así como los termiteros, tienen forma cónica a fin de desviar el agua de lluvia. Los nidos de ciertas especies de termita están levantados sobre unas pequeñas columnas y cubiertos con un tejado que sobresale por encima de la construcción, o por una serie de tejados superpuestos que recuerda en su forma a las pagodas. El objetivo es reducir los daños causados por las torrenciales lluvias tropicales.

El avispón *Vespa affinis* construye su avispero en forma de afilado cono, de modo que no se pueda acumular agua de lluvia encima; estos nidos se asemejan por su forma y por su superficie acanalada a las casas cónicas de arcilla que construye la tribu musgum de Chad.

La falta de agua puede ser también un problema esencial. Tres especies de escarabajos tenebriónidos, originarias de las áridas zonas costeras del desierto de Namibia, construyen unas zanjas muy poco profundas para recoger las gotas de rocío. Al parecer, estas zanjas, que están orientadas paralelas a la dirección del viento y tienen los bordes un poco elevados, provocan la precipitación de humedad y por eso se construyen cuando hay niebla. Esta invención del escarabajo se parece a los pozos cónicos excavados por los viticultores para plantar las vides en el negro suelo volcánico de la isla de Lanzarote.

El ratón australiano *Leggadina hermansbergensis*, que vive en hábitats secos y arenosos, cubre un área bastante grande alrededor de su madriguera con los guijarros que recoge y acarrea, al parecer, con el fin de provocar la formación de rocío, que constituye su reserva de agua. Las arañas del género *Cyrtophora* emplean los restos de sus presas a modo de títeres o muñecos para desviar a sus posibles enemigos. Además, usan estos títeres como contenedores para recoger el agua de lluvia.

Las termitas tienen una piel muy fina y deben mantener sus termiteros con unos niveles relativamente constantes de temperatura y humedad; en los nidos de *Macrotermes*, el nivel de humedad oscila entre el 89 y el 99 %. Las termitas también necesitan agua para sus huertos de hongos y para hacer la mezcla del cemento que emplean para construir. En las regiones secas, las termitas excavan hasta unas profundidades increíbles para encontrar el nivel freático; algunas termitas del desierto llegan a perforar pozos de 40 metros de profundidad.

Las represas de los castores son un ejemplo conocido de construcción animal para controlar el nivel del agua en los torrentes y arroyos a fin de adecuarla a sus hábitos.

Impermeabilización y control de la humedad

No se disponen de muchas pruebas experimentales relativas a la capacidad de control de la humedad de las construcciones animales, pero parece obvio que es necesario.

Los nidos de los colibríes, por ejemplo, suelen estar recubiertos con telarañas y líquenes que forman una capa impermeable. Las abejas enlucidoras (*Colletes*) y las de rostro amarillo (*Hylaeus*), que se encuentran entre las más primitivas de las abejas, construyen sus cámaras nupciales en ramas huecas o en agujeros en la tierra y forran las paredes de estas cavidades con un papel hecho con secreciones bucales. Este fluido se endurece formando una película impermeable que recuerda al papel de celofán. Este recubrimiento sirve tanto para impedir que el néctar recogido gotee en el material circundante como para repeler la humedad y evitar la formación de moho.

El abejorro cardador (*Bombus agrorum)* primero nivela el emplazamiento del nido, luego lo limpia y cubre su suelo con

Nidos de colibrí picoespada (izquierda), zafiro golondrina (centro) y colibrí cordillerano (derecha).

una capa de cera que impide que penetre la humedad. El abejorro pedrero (*Bombus lapidarius*), que hace nidos subterráneos dentro de las ratoneras u otras cavidades, aísla el panal de la humedad construyendo una cubierta de cera. La abeja cortahojas (*Megachile*) forra el tubo de incubación con trocitos de hoja ovales plegados de modo que se adapten a la forma de dedal de la celdilla; esta pared de hoja funciona como una barrera contra la humedad.

La formación de moho es un peligro también para los nidos de la hormiga roja menor (*Formica polyctena*). Estas hormigas están transportando continuamente los materiales desde la superficie de su montículo hacia el interior, y luego a la inversa a fin de secarles la humedad acumulada; esto previene eficazmente la formación de mohos, mientras que los hormigueros abandonados no tardan en quedar completamente enmohecidos.

Otras especies de hormiga protegen sus hormigueros de la humedad por el procedimiento de impregnar las paredes con una secreción glandular o de revestirlas con un material similar a la cera.

En el caso de muchos animales, cierto nivel de humedad es completamente necesario para su supervivencia. Ya hemos mencionado el alto nivel de humedad que necesitan las termitas.

El pluvial egipcio (*Pluvianus aegyptius*) se remoja constantemente las plumas del vientre a fin de reducir la pérdida de agua de los huevos. El aligátor americano (*Alligator mississipiensis*) construye sus nidos con materiales vegetales en estado de putrefacción y deposita dentro los huevos, que son incubados con el calor generado por la fermentación de dichos materiales. El animal riega continuamente la superficie del nido a fin de mantener el nivel de humedad necesario para el proceso de fermentación.

Ventilación y renovación del aire

Los animales que viven en espacios cerrados se enfrentan a la necesidad de renovar el aire que respiran. Para los huevos de la tortuga marina, por ejemplo, que son depositados en un agujero excavado en la arena, la renovación del aire por difusión es esencial, y el animal sabe cómo llenar el hueco de forma que queden espacios de aire alrededor de los huevos. Otras especies han ingeniado soluciones más elaboradas: en el caso de los gusanos *Chaetopterus* el flujo de agua es conducido a través de la galería por el procedimiento de sacudir tres abanicos musculares, mientras las larvas de las frigáneas conducen el agua hacia su vivienda mediante ondulaciones del abdomen. Los peces que construyen nidos incrementan el paso del agua por los mismos agitando sus aletas. Los peces pulmonados africanos (*Protopterus spp.*) pueden sobrevivir a la completa deshidratación de su medio excavando galerías en el barro húmedo y envolviéndose en un capullo de mucoso. Este mucus se seca y forma un estuche protector. El aire se filtra a través de una tapa porosa situada en la parte superior.

El cangrejo soldado de Malasia (*Mictyris longicarpus*) vive en las rasas de arena que dejan las mareas en las playas. Cuando sube la marea, el animal se entierra en para protegerse de las aguas turbulentas y de los predadores. Construye una cúpula de arena húmeda que contiene cierto volumen de aire. Luego el cangrejo excava a mayor profundidad, sacando la arena del suelo y pegándola en el techo, con lo que transporta así el aire a las zonas más profundas de la masa de arena protectora.

El perrillo de las praderas de cola negra (*Cynomus ludovicianus*) construye dos salidas de aire distintas en su madriguera subterránea; un montículo redondeado por su parte superior, a modo de

Madriguera del perrillo de las praderas.

cúpula, y un cráter con un borde afilado que es el doble de alto que la cúpula. La diferencia de forma y de altura da lugar a que se incremente la velocidad del viento sobre el cráter, lo que produce un descenso de la presión y, por consiguiente, una corriente que empuja el aire viciado fuera de la madriguera. Es este un sistema natural de controlar la circulación del aire que a menudo se emplea hoy en la arquitectura ecológica.

El castor también ha ingeniado un sistema de ventilación que consiste en dejar las ramas de la parte superior del tejado de su madriguera bastante separadas a fin de permitir que entre el aire abajo.

Los sistemas de ventilación más sorprendentes, sin embargo, han sido los desarrollados por varias especies de termitas. Dentro del espacio cerrado del montículo que levanta la *Macrotermes bellicosus*, que alcanza fácilmente una altura de 4 metros, viven más de 2 millones de ejemplares. El consumo de oxígeno es, pues, considerable y sin un sistema adecuado de ventilación las termitas se asfixiarían dentro de sus pétreos rascacielos.

El termitero propiamente dicho es un contenedor redondeado que tiene la celda real en el centro. Esta parte constituye una estructura interna separada que se sostiene sobre unas columnas cónicas dentro del grueso caparazón exterior. Esta doble estructura crea un gran cámara de ventilación subterránea; el nido está unido con el montículo externo mediante unos conductos laterales. Otro espacio de ventilación se abre en la parte superior del nido hasta su centro, a modo de chimenea. Unas crestas verticales o contrafuertes recorren la construcción por fuera de arriba abajo. Esta compleja construcción crea un sistema de ventilación completamente automático que funciona de la manera siguiente: el aire de las cámaras donde se cultivan los hongos se calienta debido a

Termitero africano.

los procesos de fermentación, así como al calor producido por los propios animales. Este aire caliente sube, y la presión del flujo continuo le obliga a introducirse por los anchos conductos horizontales superiores que están conectados con las crestas verticales. Las paredes interiores y exteriores de estas crestas son porosas, lo que facilita un intercambio continuo de gases: el dióxido de carbono sale y es sustituido por oxígeno que penetra desde el exterior por la multitud de finos conductos. Las crestas funcionan a modo de pulmones artificiales de la colonia. El aire se enfría al descender por las crestas y, ya regenerado, rellena la cámara basal; de ahí vuelve al nido desde abajo, a través del espacio ventilación que lo rodea, remplazando el aire caliente y viciado. Este mecanismo automático de aire acondicionado opera sin necesidad de energía externa.

Cuesta trabajo imaginar cómo llega a darse en el transcurso de la evolución este sistema, el cual requiere una construcción espacial extremadamente compleja y el control de varios procesos químicos. Igualmente difícil es concebir cómo transmiten los genes y el instinto de una generación a la siguiente la información relativa a la forma de construir.

Por si este sistema de ventilación no fuera ya bastante sorprendente, otras especies de termitas han desarrollado otros sistemas distintos y, además, los nidos de *Macrotermes bellicosus* que se encuentran en Uganda tienen un sistema diferente de los de la misma especie en Costa de Marfil. No está claro si una especie individual es capaz de escoger entre dos teorías físicas, o si unos animales, por otro lado, idénticos, constituyen dos especies distintas.

Asimismo, las avispas muestran una notable flexibilidad en su instinto constructor y pueden elegir entre construir el avispero en el suelo, en las vigas de las cubiertas o en cualquier otro sitio elevado. Y esta posibilidad de elección entraña unos parámetros técnicos diferentes para sus respectivas construcciones; como si dijéramos, estas avispas pueden escoger entre diferentes estilos arquitectónicos.

Gestión de los residuos

Los animales también se ocupan de sus residuos: las hormigas construyen depósitos para sus desechos, las marmotas cámaras para sus heces, y los tejones defecan en unas letrinas. Los castores también son animales muy limpios, y depositan todos los restos de sus comidas en el agua. Los chimpancés son tan limpios que se sabe que defecan y orinan fuera de sus madrigueras incluso en la oscuridad de la noche.

El camarón excavador (*Callianassa subterranea*) excava un complejo sistema de túneles en el cieno marino. En el fondo de los túneles hay unos pozos verticales donde vierte la basura.

Las abejas matan todos los animales de pequeño tamaño que entran en sus colmenas y cubren el cadáver con una capa de resina, que lo aísla del aire y lo momifica, impidiendo así que envenene la colmena.

Las termitas primitivas del género *Kalotermes*, que horadan galerías en las estructuras de madera de los edificios, construyen unas cámaras ciegas en las que depositan sus heces. Otras especies de termitas (*Cryptotermes*) hacen agujeros en la superficie de la madera que habitan para echar fuera sus excrementos; los agujeros se cierran siempre con las cabezas planas de las guerreras.

Otra eficaz manera de manipulación de los residuos empleada por cierto número de especies animales, como las termitas, es el uso de las heces para construir sus casas. Las heces son también utilizadas, por lo general mezcladas con otros materiales, como el barro, a modo de elemento de refuerzo. La combinación de barro, estiércol animal y paja es también ampliamente utilizada como material de construcción por muchas culturas tradicionales.

PROTECCIÓN FRENTE A LOS DEPREDADORES

Evitar ser detectados o reconocidos

Los animales emplean dos métodos a fin de ocultarse para no ser detectados por los depredadores: el primero consiste en confundirse con el entorno (esta manera de esconderse se llama cripsis), y el segundo, en hacer que lo tomen por un objeto que no sea alimento para el depredador (mimetismo).

Las viviendas de las larvas de frigáneas son un ejemplo de cripsis defensiva, al hacer las larvas menos visibles para los depredadores. También muchas especies de pájaros, particularmente los de pequeño tamaño, ocultan sus nidos cuidadosamente entre la vegetación. Los patos y las ocas cubren sus huevos siempre que la hembra abandona el nido, y los patos defecan sobre ellos cuando alzan el vuelo. Es evidente que los nidos cerrados proporcionan una mejor protección de los huevos que los abiertos; los nidos cerrados representan un desarrollo evolutivo respecto a los abiertos.

Una forma común de camuflaje del exterior del nido es hacer que no destaque de su entorno inmediato. Cierto número de aves cubren sus nidos con líquenes, mientras que otras los disimulan con corteza de árbol, de tal manera que los nidos de algunas especies parecen trozos de los materiales vegetales o minerales que rodean el nido en su hábitat normal.

Agallas británicas.

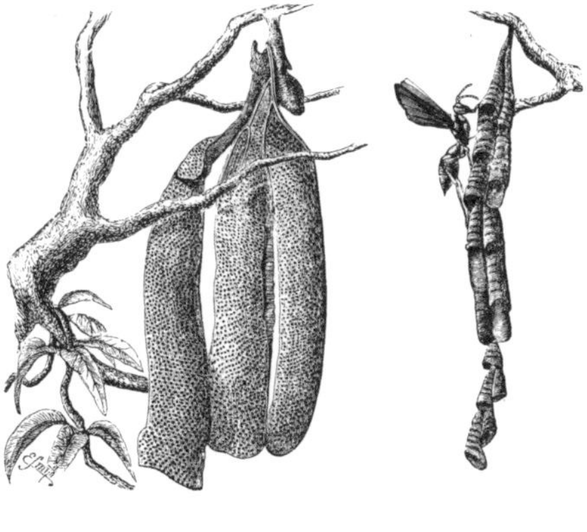

Avisperos.

La mayoría de las avispas *Polybia* suspenden sus avisperos de las ramas y cubren la superficie exterior con líquenes y musgo que acarrean y tejen con tal habilidad que continúan creciendo, proporcionándoles así un camuflaje perfecto. Algunas especies de hormigas costureras (*Polyrhachis* y *Camponotus*) cubren sus hormigueros construidos en lo alto de los árboles con pequeñas partículas de liquen, corteza y otros materiales tejidos, formando una especie de estera sedosa que hace al nido prácticamente invisible. La araña trampillera (*Nemesia cementaria*) camufla la trampilla de acceso a su túnel subterráneo con granitos de arena entretejidos con seda, de modo que desaparece en el entorno arenoso. También se dan numerosos ejemplos de construcciones animales que no están escondidas, sino que adoptan un aspecto que en nada asemeja al tipo de alimento buscado por los depredadores. Muchas especies de avispas cuyas colonias son de pequeño tamaño relegan la economía de la formación en celdas compactas a favor de unos avisperos alargados que imitan a una rama seca. Las avispas altamente sociales no necesitan camuflar sus avisperos, ya que, al formar grandes y agresivas colonias, pueden defenderse solas contra la mayoría de los depredadores.

A fin de intentar desviar el ataque de los depredadores, algunas especies de arañas fabrican en sus nidos arañas falsas con un manojo de hilos de seda y restos de otros insectos. Ciertas avispas excavadoras abren entradas falsas en el suelo en las inmediaciones de sus avisperos subterráneos, al parecer, con el fin de confundir a los parásitos. Ya se han mencionado las entradas falsas en el apartado dedicado a las invenciones animales. El pájaro tejedor *Pseudonigrita arnaudi*, de hábitos gregarios, construye nidos con dos entradas, disponiendo de una salida alternativa de emergencia.

Nidos de petrel.

Cerdo hormiguero alimentándose en un termitero.

Muchos animales intentan construir sus viviendas lo bastante fuertes como para resistir los ataques de los enemigos o equipadas con elementos o mecanismos protectores. Los nidos armados por los pájaros moscones (*Remizidae*) son tan resistentes y están tan densamente tejidos que ni siquiera los monos pueden rasgarlos; los masái de Kenia los utilizan como bolsas para el dinero y en Europa oriental se emplean como zapatillas para los niños. Los nidos de cartón de la avispa centroamericana *Parachartergus apicalis* son también impenetrables. Ciertos termiteros son tan duros como el hormigón y proveen un cobijo relativamente seguro contra la mayoría de sus enemigos, a excepción de las poderosas garras del cerdo hormiguero del Cabo (*Orycteropus afer*). La reina y el rey de las colonias de termitas están aún más protegidas dentro de un compacto bloque en el corazón del nido, en el que solo hay unos diminutos agujeritos que permiten a las obreras atender a la pareja real y transmitirles la información esencial relativa a las condiciones fuera de la fortaleza.

La avispa alfarera *Paralastor* perfora un túnel en la arena. Durante el tiempo en el que se aprovisiona de larvas de insectos para alimentar a sus futuras crías y pone los huevos, esta avispa construye un curioso embudo auxiliar de barro. El interior de la boca del embudo es muy liso, y, según parece, constituye una protección contra los himenópteros parásitos; una vez cerrado el túnel, la avispa retira este embudo auxiliar.

La entrada de los nidos de ciertos pájaros tejedores, un tubo vertical con forma de retorta, está suspendida de una fina rama, de modo que a las serpientes arbóreas les resulta bastante difícil penetrar por él. La estructura perpendicular y en espiral del nido proporciona una protección mecánica adicional; el tubo de fibra se expande con la presión de la serpiente incrementando la posibilidad de que esta resbale y caiga fuera el nido.

Los calaos (*Bucerotidae*) crían en oquedades y han desarrollado una forma única de proteger a la hembra mientras empolla y a los polluelos una vez que han salido del cascarón. La hembra se encierra en el hueco excavado en el árbol tapándolo con barro traído por el macho y humedecido con saliva, a lo que ella añade su excreta y restos de alimentos. Solo dejan abierta una estrecha ranura por la que el macho introduce alimentos para la hembra. Cuando nacen los polluelos, la madre abre la pared y sale, pero los polluelos vuelven a cerrarla.

La protección mecánica puede adoptar también la forma de una barrera. La ranita brasileña *Hyla faber* construye un profundo cráter de arcilla, lo que le basta para proteger a sus crías de los peces depredadores. El nido de la avispa papelera (*Nectarinella championi)* está rodeado por una cerca de pelos pegajosos, a fin de protegerlo de las hormigas.

Una forma muy generalizada de protección del nido entre las avispas es suspenderlo de un fino peciolo. Algunas especies, como la *Parischnogaster jacobseni*, mejoran esta protección por el procedimiento de poner una gota o espiral pegajosa para impedir que las hormigas se aproximen al nido. La hembra de la avispa papelera *Mischocyttarus drewseni* recubre el peciolo con una secreción de su propio abdomen que disuade a las hormigas.

Protección de los nidos por asociación

La asociación para la protección de los nidos se basa en situarlos estratégicamente junto a otras especies animales. Muchas especies de aves, sobre todo de las regiones tropicales, sitúan

Nido de águila pescadora que soporta nidos de estornino.

sus nidos cerca de los de otros animales agresivos o de formidable tamaño, tales como ciertas grandes aves de presa, abejas, avispas, hormigas y termitas, o cerca de los lugares habitados por humanos. Algunos pájaros tejedores, por ejemplo, pueden anidar cerca de los nidos de las grandes aves de presa, como águilas, buitres y marabús.

Los termiteros proporcionan cobijo a toda una serie de animales que se conocen con el nombre colectivo de termitófilos. Muchas especies de reptiles, pájaros y mamíferos se aprovechan de los castillos que construyen las termitas, y estas no atacan los nidos de los animales termitófilos.

Algunas aves tropicales, particularmente las especies paseriformes que construyen nidos cubiertos, anidan frecuentemente cerca de hormigueros, colmenas y avisperos. El tejedor de Heuglin (*Ploceus heuglini*) construye sus colonias en árboles donde hay hormigueros de hormiga costurera roja (*Oecophylla longinoda*). Estas hormigas nunca atacan los nidos en el árbol, pero sí lo hacen cuando caen al suelo. Otra curiosa e inexplicable tregua tiene lugar entre las hormigas y la avispas que comparten el mismo árbol para nidificar.

El caso extremo de este tipo de relación entre especies de aves y de insectos es la construcción por parte de los pájaros de sus nidos dentro de los de ciertos insectos sociales, particularmente las colonias de hormigas y de termitas; los insectos cierran los canales que conducen al nido del pájaro y no atacan a las crías.

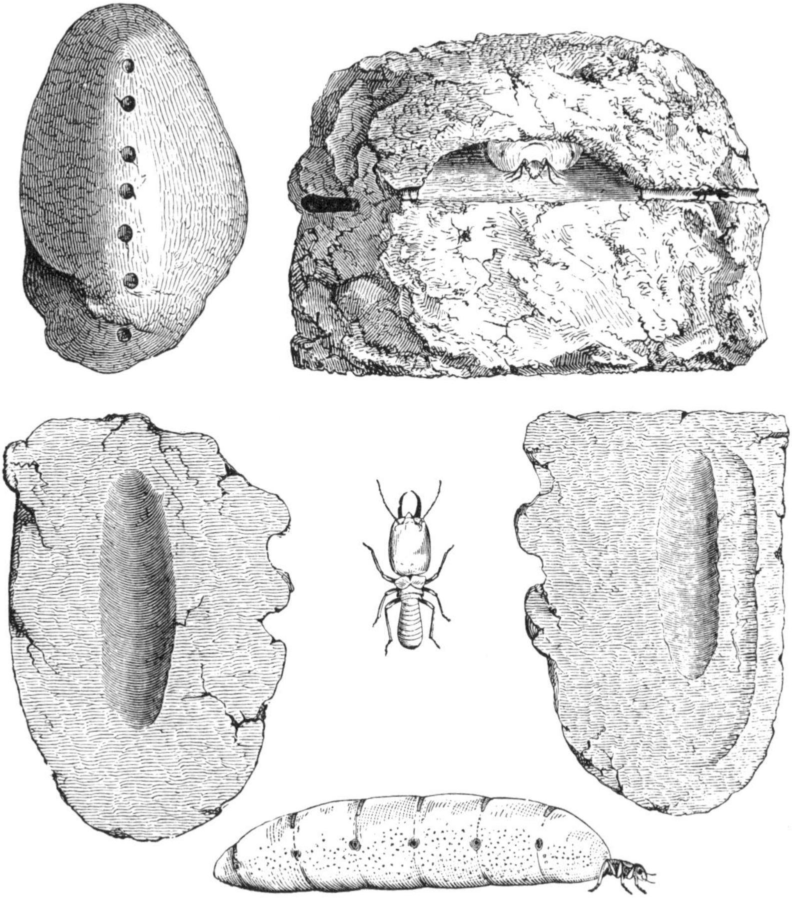

Celdas de termitas.

OBTENCIÓN DE ALIMENTOS

Agricultura

Las hormigas cortahojas sudamericanas del género *Atta* cultivan su propia comida, un hongo basidiomiceto, en unas cámaras subterráneas especiales que pueden tener hasta un metro de largo por 30 centímetros de ancho y de alto. Estas hormigas cortan trocitos de hojas con las que preparan una cama de compost para el cultivo de los hongos. Los trocitos de hojas son masticados y mezclados con saliva y fertilizados con una secreción líquida. Las hormigas atienden perfectamente sus plantaciones y las tratan con una secreción glandular que impide el crecimiento de las bacterias y de otros hongos no deseados. Estas hormigas cortan los extremos de las hifas en crecimiento, que desarrollan unas cabezas deformes a consecuencia de la mutilación. Esta especie de hormigas viven en simbiosis con estos hongos, que no se dan fuera de las cámaras construidas por ellas. Una característica sorprendente es que la reina toma un trocito de hongo del nido de su madre antes de emprender el vuelo nupcial. De esta forma se pasa de una generación a otra la cepa de hongo.

Asimismo, muchas termitas africanas y asiáticas (*Macrotermitinae*) cultivan y cuidan las plantaciones de hongos en unas cámaras especiales. Las termitas que se alimentan de madera viven en simbiosis con ciertos organismos protozoicos unicelulares cuyas enzimas tienen la función de diluir la celulosa en los estómagos de las termes.

Las hormigas pertenecientes al género *Lasius* impregnan partículas de fibra de madera con una solución con una alta concentración de azúcar, que hace que las fibras se peguen formando una especie de papel. Al mismo tiempo, este azúcar sirve como nutriente para un hongo que se encuentra siempre en sus hormigueros. Las hifas del hongo refuerzan la estructura de la misma forma que las barras de acero refuerzan el hormigón; un imponente ejemplo de múltiple funcionalidad.

Ganadería

Las hormigas cultivadoras de hongos son las únicas vegetarianas. Otras especies de hormigas cazan insectos u ordeñan los jugos vegetales de los cóccidos (lapillas) y los áfidos (pulgones). Estos insectos chupan los jugos de las plantas, ricos en carbohidratos, y luego exudan lo que les sobra en forma de azúcar. Las hormigas se aprovechan de este azúcar y organizan ganaderías con estos insectos.

Algunas especies de hormiga construyen establos para su ganado cercándolo alrededor del brote de una planta. La *Crematogaster pilosa* construye un cobertizo de cartón, mientras que las hormigas de jardín (*Lasius*) construyen pequeños pabellones sobre las colonias de pulgones y de lapillas. Asimismo, las hormigas costureras establecen pequeños hormigueros separados para la producción de azúcar líquido.

La *Acropyga maribensis*, que es una especie de hormiga muy común en las plantaciones de café de Surinam, construye los hormigueros en las raíces de las plantas. Ordeñan y cuidan a un tipo de cóccido que chupa las raíces de cafeto y produce azúcar para ellas; este cóccido no se encuentra nunca fuera de estos hormigueros. En el momento de enjambrarse, la hembra toma uno de estos insectos ya fecundado antes de emprender el vuelo nupcial. Esta futura reina transporta el pequeño insecto en sus mandíbulas durante todo el vuelo y tras aparearse deposita a su productor de azúcar en una raíz de cafeto, estableciendo así una nueva colonia.

Hormigas cultivadoras de hongos.

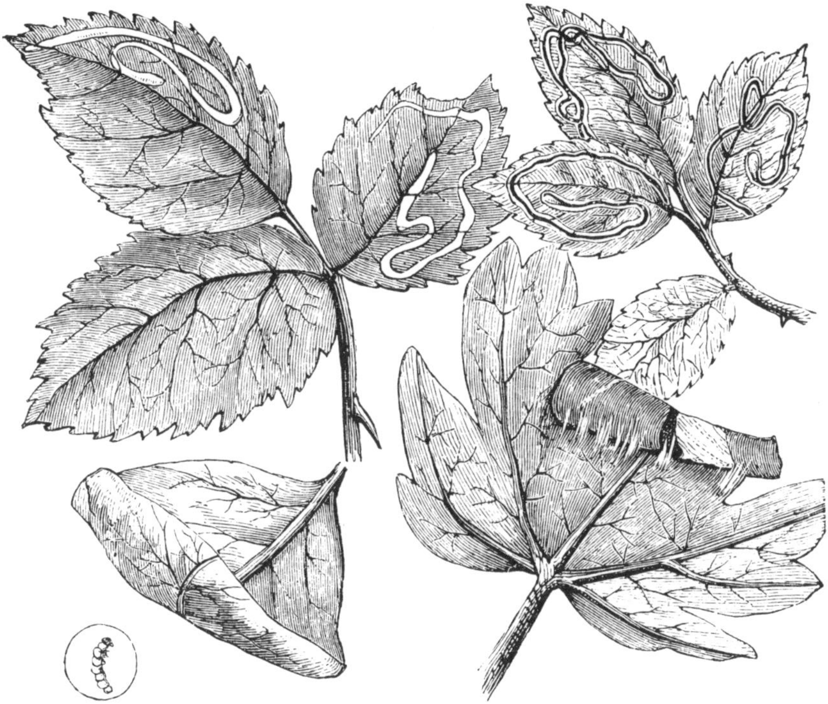

Rulos y túneles de oruga en hojas.

Nido y trampa de la araña migalomorfa.

Enrollado de hojas

Algunos escarabajos y mariposas emplean la técnica de enrollar hojas a fin de proporcionar alimento y protección a sus crías.

La hembra del escarabajo *Byctiscus populi* enrolla una hoja de álamo e introduce unos cuantos huevos dentro. Una vez incubadas, las crías crecen alimentándose con la hoja. En el caso del *Deporaus betulae*, otro escarabajo, la hembra repta dentro de la hoja enrollada y pone media docena de huevos en pequeñas bolsas en el tejido de la hoja.

En el del lepidóptero *Striglina scitoria* son las larvas las que enrollan las hojas en lugar de los insectos progenitores.

Captura de presas

Las estructuras construidas para la captura de presas son bastante comunes, desde las redes de las larvas de las frigáneas y las telas de las arañas hasta los pozos de arena de las larvas de la hormiga león.

La red de pesca en forma de embudo tejida con hilos de seda por la larva de la frigánea *Neureclipsis bimaculata* puede competir con cualquier instrumento de pesca humano. La red se fija a las plantas acuáticas con la boca abierta contracorriente, y las larvas esperan a sus presas en el extremo estrecho del embudo, que mide de 6 a 8 centímetros de largo.

La *Plectocnemia conspersa* construye una red semejante a un saco que abre contracorriente. La red lleva pegado un tubo independiente que se fija a una planta acuática.

Los frigáneas de la familia *Hydropsychiae* fabrican una red de captura plana que suspenden entre las piedras o en el extremo de un poste construido por las propias larvas por el procedimiento de unir piedrecitas con hebras de seda en forma de zigzag.

La *Macronema transversum* fabrica una estructura combinada de vivienda y mecanismo de captura de lo más impresionante. La parte externa, que está compuesta por un mosaico de finos granos de arena, tiene dos conductos, uno situado contracorriente para que entre el agua, y otro en el sentido contrario para que salga el agua que ha pasado por el nido. El animal espera a su presa en una cámara lateral contigua a una red de seda dispuesta verticalmente. Esta red es un milagro de precisión; las hebras más gruesas están separadas entre 25 y 30 milímetros, mientras que las más finas están a unos 3 milímetros de distancia, de modo que la red contiene unas 206.000 mallas.

Pero la obra maestra de confección, sin embargo, es la bolsa de seda tejida por *Dolophilodes distinctus*, que contiene más de 100 millones de mallas formadas por hebras gruesas, a una distancia de 6 milímetros, y por hebras finas a medio milímetro.

Los hilos y las telas de araña son otra maravilla de la arquitectura animal. Las diferentes especies de araña han desarrollado diferentes estrategias para la captura de sus presas y diferentes formas geométricas para sus telas; existen unas treinta y cinco especies de araña y todas ellas cuentan con hileras o pezones hiladores para la producción de la seda, tres pares en todas las especies, excepto en las más primitivas. La araña lanzadera (*Deinopis longipes*), que tiene cara de ogro, teje entre sus patas delanteras una tela elástica de hebras rugosas. La araña espera por su presa, y en cuanto un insecto vuela o se mueve en dirección a ella, extiende las patas y, por consiguiente, la tela elástica, sobre la presa; la tela se estira hasta más del doble de su tamaño original.

La construcción de una tela de araña en sentido vertical empieza con un hilo horizontal, "el puente", que el animal tiende en el hueco adecuado, ya sea andando o volando y dejando este ligero hilo provisional flotando al viento. Cuando el extremo suelto de esta hebra se engancha en el lado opuesto del hueco, la araña construye el hilo puente propiamente dicho, suprimiendo el provisional. La siguiente fase consiste en echar un hilo vertical desde el centro del puente hacia abajo. La araña procede entonces a construir el marco poligonal y los hilos radiales. Tras reforzar el centro, parte de ahí, siguiendo una espiral para armar un andamiaje de hilos. Finalmente empieza el acabado de la tela y, partiendo del borde y avanzando hacia el centro, dispone los hilos que llevan la sustancia pegajosa en la que habrán de quedar prendidas las presas, al tiempo que retira el andamiaje temporal. La sustancia pegajosa es extendida uniformemente en la tela; para ello la araña toma un hilo, lo estira y luego lo suelta de golpe, como si fuera la cuerda de un instrumento musical, y la hebra al vibrar divide el fluido en gotas iguales y equidistantes, conforme a la onda estacionaria.

El cráter o foso circular de arena que abre la hormiga león (*Myrmeleontidae*) para capturar a sus presas está basado en un principio muy parecido al de las arcaicas trampas humanas para cazar venados. Este invento animal parece simple, pero la secuencia de conductas instintivas que lleva a este tipo de captura es bastante complicada.

Almacenamiento

En el otoño los castores talan árboles que luego transportan cerca de su madriguera y los almacenan bajo el agua para utilizarlos en el invierno. Por su lado, las marmotas acumulan hierba seca y otras plantas en sus madrigueras; se han llegado a encontrar hasta 12 o 15 kilogramos de heno en una sola madri-

Trampa de la hormiga león.

guera. Las ardillas se aprovisionan de frutos secos que guardan en los agujeros que excavan al pie de los árboles; y los pájaros carpinteros los almacenan en las oquedades especialmente horadadas a este efecto en los troncos.

Los topos guardan lombrices y otros alimentos en unas cámaras de almacenamiento o en las galerías que abandonan. Muerden la parte delantera de la lombriz a fin de inmovilizarla. La lombriz permanece viva y no se deteriora; esta es una forma de almacenar alimentos vivos muy parecida a la picadura paralizante de las avispas con sus presas.

Se sabe que las hormigas del desierto americano del género *Messor* han sobrevivido a doce años de extrema sequía gracias a las semillas almacenadas en sus cámaras subterráneas. La termita de la especie *Hodotermes mossambicus* almacena hierba recién segada en unas cámaras subterráneas, pero próximas a la superficie. En cuanto termina la fermentación, y no hay peligro de que los gases tóxicos lleguen al nido, la hierba es trasladada a unas cámaras más profundas, próximas a este.

La celdilla de la abeja, como ya se ha mencionado, es el medio más eficaz posible de almacenar la mayor cantidad de miel con la menor cantidad de material.

Madriguera y almacén de víveres de la ardilla rayada.

COMUNICACIÓN

Estructuras que ayudan a la transmisión

Las estructuras animales no solo funcionan como protección o como instrumentos de captura, sino que también pueden contribuir a facilitar la comunicación. Las telas de varias especies de arañas, por ejemplo, informan al animal de la llegada y localización de la presa. Asimismo, en el caso de la larva de la frigánea *Plectrocnemia conspersa*, las vibraciones que causa la presa facilitan el que la larva dirija su ataque con un máximo de precisión; se ha demostrado que la frecuencia de las vibraciones guarda una estrecha relación con la intensidad del ataque.

Algunas especies de araña tejen una línea escalonada claramente visible en la zona central de la tela. En principio se creyó que este *stabilomenti* era una forma de refuerzo estructural, pero parece que funciona como señal visual que impide que los grandes animales dañen la tela.

Los animales también han inventado mecanismos para mejorar la transmisión del sonido. El macho del grillo de los árboles (*Oecanthus burmeisteri*) hace un agujero en una hoja y cuando canta, se sitúa dentro y presiona sus alas contra esta, que funciona como un amplificador. El grillo topo (*Gryllotalpa vineae*), de vida subterránea, excava una galería con dos bocas, que funciona como un cuerno, amplificando y dirigiendo el sonido; el invento trae a la mente el gramófono humano.

Los animales también emplean artefactos para reforzar las señales de aviso o de atención. La avispa tropical americana (*Synoeca surinama*) construye sus avisperos contra una superficie de sostén, por lo general, un tronco de árbol, y los cubren con una capa quebradiza. Cuando se las perturba, las avispas producen una señal de aviso por el procedimiento de hacer vibrar dicha capa, generando una especie de tamborileo.

Selección de pareja y reproducción

Los artefactos animales también cumplen los objetivos del apareamiento y la reproducción.

Los alcatraces enmascarados (*Sula dactylatra*) llevan a cabo una complicada y elaborada ceremonia en la que fingen que están construyendo un nido, pero en realidad ponen un huevo en el puro suelo; la pareja recoge miles de ramitas y guijarros que dispone en torno al centro del supuesto nido. Estos actos simbólicos de la construcción del nido estimulan a las aves y cumplen el objetivo del aparejamiento.

En el caso de la mosca danzarina (*Hilara sartor*), los machos que cortejan a las hembras forman enjambres que bailan llevando cada uno un globo de seda vacío del tamaño de su propio cuerpo. El globo es el resultado de la secreción de una glándula anal y sirve para mejorar la visibilidad del macho y atraer a las hembras. Cuando la hembra ha elegido su macho, este le ofrece el globo como regalo.

En algunas especies de arañas, el macho también hace una ofrenda a la hembra, una presa envuelta en seda. En el caso de las arañas, la función de la ofrenda es impedir que la hembra mate al macho, que con frecuencia es mucho más pequeño. Entre algunas arañas tejedoras y con tal propósito, el macho hila una red de apareamiento independiente junto a la tela de la hembra; el macho hace vibrar la red auxiliar y atrae a la hembra a esta, donde tiene lugar la cópula.

Los cangrejos fantasma (*Ocypode saratan*) viven enterrados en túneles perforados en la arena de la orilla. El macho emplea la arena excavada para construir una pirámide cerca de la entrada de la galería, a fin de atraer a la hembra.

Los nidos de los pájaros tejedores son construidos por los machos. El macho del tejedor casero (*Textor cucullatus*), tiene un plumaje de brillante colorido que exhibe sobre el nido una vez acabado. La hembra examina meticulosamente el nido por dentro y por fuera y si le satisface se empareja con su constructor y se encarga de terminar los últimos detalles del interior. El nido está recubierto con tiras de hojas verdes. La función de estas es garantizar que no ha sido construido por otro pájaro; si el macho no es capaz de atraer a una hembra y el nido pierde su color verde, lo destruye y construye uno nuevo. La técnica de construcción del nido es tan esencial para esta especie que los jóvenes machos empiezan a practicar antes incluso de ser sexualmente maduros.

El macho del chochín común (*Troglodytes troglodytes*) construye varios nidos, que muestra a la hembra. Esta escoge uno y entonces procede a terminarlo. Mientras lo está terminando, el macho muestra el resto de los nidos a otras hembras. Los machos que no consiguen que sus nidos complazcan a ninguna hembra, no se pueden emparejar. Al parecer, esta práctica cumple el objetivo de mejorar las técnicas constructivas de la especie.

Los ejemplos más impresionantes de construcción de nidos con el objetivo de atraer la atención para el apareamiento son las enramadas que construyen los pájaros pergoleros (*Ptilonorhynchidae*), originarios de Australia y Nueva Guinea. Los machos tienen un plumaje apenas notable; la función de exhibición que tienen las plumas ha sido transferida a una elaborada construcción externa. El macho selecciona los materiales y los objetos de su enramada con sumo cuidado y, por lo general, prefiere un solo color. La enramada también puede ser pintada con la pulpa de frutos

Pájaro tejedor.

Pájaro pergolero.

silvestres o decorada con flores. En las cercanías de asentamientos humanos, los pájaros también emplean en sus decoraciones chapas de botellas, botones de metal y otros pequeños objetos brillantes. Tras aparearse, la hembra construye un humilde nido donde criar, oculto, entre la vegetación.

Algunas especies australes de esta familia levantan, alrededor de un arbolito, un mayo en forma de cono que puede tener la altura de un hombre, y lo decoran con frutos, flores y objetos de color, como huesos.

DECORACIÓN

No se debe tomar literalmente la idea de que haya animales arquitectos que decoren sus construcciones. Sin embargo, ciertos comportamientos animales relacionados con la construcción del nido parecen decoraciones superfluas sin otra función evidente en la estructura. En lugar de ser la expresión de una elección estética por parte del animal, se trata más bien de casos cuya explicación se halla en el curso de la evolución, pero que ha perdido su significado para el observador humano. Karl von Frisch es el único que ve una huella de sensibilidad estética en el comportamiento constructor, por ejemplo, de los pájaros pergoleros y de los chimpancés.

Se sabe que los materiales de construcción del nido y su manipulación son estímulos sexuales para algunas aves. Durante el cortejo, la estrilda común macho (*Estrilda astrild*) sostiene una pluma en el pico. En otras especies el macho sostiene una hoja de hierba o hace simbólicamente los movimientos propios de construcción del nido.

Los machos del tejedor bengalí (*Ploceus benghalensis*) y del tejedor estriado (*Ploceus manyar*), que viven en la India, utilizan a menudo decoraciones florales para cortejar a las hembras. Estos galanes salpican barro húmedo en el nido y pegan en él flores o pétalos de brillantes colores, rojo, naranja, amarillo, azul o blanco. El ave del paraíso festoneada (*Ptiloris paradiscus*), que vive en Australia, suele decorar su nido con una piel de serpiente, mientras que el silbador campanillero (*Oreoica gutturalis*), también originario de Australia, coloca orugas velludas al borde del nido.

Los pasillos, las pérgolas, los mayos y las demás enramadas, de las especies de la familia de las *Ptilonorhynchidae* poseen unas claras cualidades decorativas, como se ha mencionado anteriormente. Estas aves decoran sus áreas de cortejo y enramadas con frutos de colores, bayas y flores, objetos brillantes, como esqueletos de insectos y toda una variedad de materiales, plumas, hojas, musgo, líquenes, piedras, huesos, conchas de caracol y trozos de carbón.

Cada especie tiene sus colores favoritos: los constructores de pasillos (*Ptilonorhynchus*) prefieren el azul; el *Chlamydera*, el blanco, el verde o el azul; y el *Amblyornis*, que levantan mayos, prefieren los objetos rojos y amarillos. Los brillantes objetos azules que eligen los machos del pergolero satinado (*Ptilonorhynchus violaceus*) hacen juego con sus ojos color azul violáceo y su brillante plumaje azul marino.

Asimismo, las abejas, que, por otro lado, son las grandes matemáticas del mundo animal, parecen insinuar ciertos gestos decorativos. Construyen sus celdas exactamente en una configuración hexagonal, pero también aplican este esquema hexagonal a la superficie exterior de las celdas de la reina, que son de mayor tamaño y de forma distinta, a modo de decoración superflua en el curso de su trabajo de modelado.

MÉTODOS DE CONSTRUCCIÓN

Michael Hansell divide los métodos que utilizan los animales en sus construcciones en siete tipos:

- Esculpido y excavado
- Apilamiento
- Moldeado
    - Modelado
    - Extrusión e hilado
- Enrollado y plegado
- Pegado
- Tejido
- Cosido

Hansell señala que todos los artefactos manufacturados son el resultado de dos elecciones relacionadas: la de los materiales y la de los métodos de manufactura. La mayoría de los materiales usados por los animales son también utilizados por el hombre, y debido a las limitaciones impuestas por dichos materiales, los métodos de construcción de los animales arquitectos tienen grandes paralelismos en nuestras propias construcciones.

ESCULPIDO Y EXCAVADO

El esculpido es un método en el cual se va extrayendo material de una masa inicial. Hay varios géneros de moluscos bivalvos que perforan cavidades en la madera y en la roca. Algunas barrenas de mar, por ejemplo, la *Pholas dactylus*, taladran la roca sólida y se introducen en ella. Emplean su pedúnculo como palanca y mueven la concha, equipada con unas proyecciones extremadamente duras, adelante y atrás, a fin de raspar la roca y vaciar poco a poco una cavidad. La *Lithophaga* perfora sus cavidades por medios químicos, aplicando la zona glandular de su manto a la roca, que se va disolviendo debido a los ácidos que segrega el animal.

Muchas especies de avispas solitarias perforan galerías en el suelo, donde ponen sus huevos. El panal de la abeja excavadora (*Halictus quadricinctus*), que está atravesado por un tubo de ventilación, es una obra maestra del esculpido, estabilizado mediante una secreción endurecedora.

Ya hemos mencionado los embudos trampa de las hormigas león, las feroces depredadoras de hormigas, en el apartado dedicado a los mecanismos de captura. Al excavar el foso en forma de embudo, la hormiga león lanza los granos de arena formando un ángulo de 45° a fin de maximizar la distancia a la que son lanzadas las partículas más grandes, pero al final de la construcción, emplea una trayectoria de 60°, a fin de reducir la cantidad de partículas pequeñas que son lanzadas fuera del foso; los granos más finos crean una superficie más pendiente y resbaladiza, aumentando así la eficacia de la trampa.

Cierto número de mamíferos (marmotas, topos, perritos de la pradera, tejones, etc.) y de aves excavan sus madrigueras y nidos.

Sistema de túneles del topo.

Pájaro carpintero.

Una madriguera de tejón habitada por unos diez ejemplares puede tener casi un kilómetro de túneles, cincuenta dormitorios y ciento cincuenta entradas; el número de dormitorios ayuda probablemente a mantener en un nivel tolerable la cantidad de pulgas, pero los tejones también secan periódicamente sus colchones de hierba fuera de la madriguera. Se supone que las grandes madrigueras se emplean durante siglos.

La quisquilla de fango *Calocaris macandreae* produce un complejo sistema de galerías interconectadas. Las construcciones de esta especie presentan una complicada geometría en dos niveles.

Merece la pena mencionar especialmente las cavidades que perforan los pájaros carpinteros en los árboles, sobre todo dado que muchas otras especies animales que son incapaces de esculpir en la madera las utilizan como nido.

APILAMIENTO

El método de construcción del apilamiento entraña la recogida del material, su transporte hasta el emplazamiento escogido para la construcción y su colación en el mismo sin ayuda de materiales adhesivos. El método del amontonamiento es muy común entre las aves de gran tamaño, como las águilas, los pelícanos, las cigüeñas y los cuervos.

Incluso en un método de construcción aparentemente sencillo como este, las pautas de conducta son bastante complejas y con frecuencia se da alguna forma de tejido o entrelazado de ramas. Otro elemento del amontonamiento es la selección y uso de diferentes materiales para diferentes fines estructurales, tanto del nido propiamente dicho, como de las capas internas del mismo.

Nido de águila.

Los nidos de este tipo suelen contener varios materiales. El nido de la graja (*Corvus frugilegus*), que mide casi 2 metros de diámetro, por ejemplo, contiene cinco capas distintas: ramas gruesas, como estructura básica; ramas finas, en parte entretejidas, alrededor del borde interior; musgo y arcilla en el fondo; y dos capas de revestimiento interior (hierba, hojas, musgo, tallos de plantas).

La collalba negra (*Oenanthe leucura*) construye su nido en suelo rocoso, sobre un lecho de guijarros. Comparado con el pequeño tamaño del pájaro, la base, que tiene cientos de guijarros, es inmensa.

Algunos peces opistognátidos (*Opistognathidae*) excavan un pozo vertical de hasta un metro de profundidad, que forran con guijarros y conchas de caracol y de bivalvos, de una forma que recuerda grandemente a la mampostería humana sin mortero.

MOLDEADO

El método del moldeado consiste en dar una forma diferente a un material maleable. Encierra dos procesos: el de modelar una masa amorfa de material maleable dándole la forma deseada; y el de extrudir sustancias secretadas por el propio animal a través de una fina matriz y construir luego una estructura con las hebras. Este método de moldeado requiere una delicada coordinación y unos miembros corporales adecuados a la función de herramientas de trabajo.

Modelado

El modelado es un método muy utilizado por los animales que tienen unas piezas bucales capaces de realizar una precisa manipulación de los materiales. La delicadeza de este método de construcción lo ejemplifica el panal de la abeja. La abeja es capaz de determinar, gracias al cálculo exacto que le permiten las puntas de sus antenas, la desviación de una pared sometida a la presión de sus mandíbulas, logrando así un grosor preciso y uniforme de 0,073 milímetros.

La ranita arbórea brasileña (*Hyla faber*), "la constructora", modela un nido en forma de vasija de 10 centímetros de alto y 30 de diámetro, para alojar a su progenie. La labor la realiza con sus grandes manos, provista de articulaciones terminales en forma de espátula, de una forma muy parecida a cómo el albañil humano emplea la llana.

La moscareta culiamarilla (*Myiobius sulphureipygius*) emplea una técnica de modelado única para dar forma a su nido colgante. Este pájaro trenza fibras vegetales a fin de formar una bola colgante inicial que posteriormente va vaciando desde abajo para formar la cavidad del nido. El pájaro tiene el reflejo de añadir siempre nuevo material en la parte más delgada del nido, un comportamiento que da lugar a que las paredes tengan un grosor uniforme. Este método recuerda al que emplean algunas avispas para modelar con sus mandíbulas ciertas fibras vegetales. Asimismo, el carbonero común norteamericano (*Psaltiparus minimus*) utiliza una técnica de modelado similar en su nido, que cuelga de una ramita y construye con hilos de tela de araña y trozos de plantas. El pájaro estira poco a poco con su cuerpo la cavidad elástica hasta convertirla en una bolsa profunda. El nido, una vez terminado, cuenta con techo y una entrada lateral.

El hornero paticlaro (*Furnarius leucopus*) transporta unas 2.000 pellas de arcilla hasta el lugar donde va a construir el nido y las mezcla con restos vegetales, paja y estiércol de vaca o de otro animal a fin de darle más consistencia como material de construcción.

Nido de avispones.

Avisperos.

2
4

Esto es exactamente lo que hacen los constructores humanos de viviendas de adobe en África y en todo el mundo.

Las avispas modelan el papel, el cartón o el barro utilizando sus mandíbulas o sus abdómenes como herramientas para machacar, extender y alisar el material elástico.

Las construcciones de arcilla de ciertas especies tropicales de avispas suelen ser unas sorprendentes obras maestras de la arquitectura animal. La *Polybia singularis* construye un nido colgado de una rama con arcilla extremadamente fina; el avispero puede llegar a pesar hasta 1,5 kilos y tiene una ranura vertical que permite a las avispas entrar en los panales colgados en sentido horizontal.

La *Polybia scutellaris*, de Norteamérica, construye un impresionante panal de papel dotado con unas excrecencias de punta muy afilada, que sirven para desalentar a los depredadores, pero también tienen una doble función: son huecas y sirven para almacenar la miel.

En la construcción de los termiteros también se emplean técnicas de modelado y diversas mezclas de barro, arena y excrementos como materiales constructivos.

Un problema en todas las técnicas de modelado es conseguir el grado de viscosidad adecuado. Cuando están recogiendo el barro necesario para sus nidos, los vencejos toman primero el más firme y seco, alrededor del estanque o charco. Cuando tienen el pico lleno, ponen en lo alto de este el barro más blando, que toman en la orilla del agua. Al aplicar el material en el borde del nido, lo agitan con un movimiento vibrante. El barro blando toca antes el borde del nido y forma un material soldante entre la construcción que ya ha empezado a secarse y el nuevo material. También se ha observado que ciertas avispas utilizan movimientos vibratorios para acelerar el proceso, fortalecer el material soldante e incluso eliminar las burbujas de aire del material que modelan, de una forma similar al empleo humano de mecanismos vibratorios para mezclar el hormigón. También se han observado movimientos vibratorios en el corvino negro (*Corcorax melanorhamphos*) para facilitar la mezcla del barro con las fibras vegetales, elementos ambos del compuesto que emplea este como material de construcción; las fibras son empleadas claramente para reforzar el barro.

Extrusión e hilado

Una técnica y un material de moldear únicos son los empleados por las salanganas (*Collocalia spp.*) del sureste asiático e Indonesia que construyen, con su saliva endurecida, nidos que son comestibles. Al acercarse el momento de la cría, las glándulas salivares de esta ave se hinchan enormemente. Construyen su nido en forma de copa en voladizo en las paredes rocosas. Su saliva es un fluido que se seca rápidamente y la depositan con la lengua sobre la piedra, trazando primero un semicírculo sobre el que siguen segregando más saliva hasta formar una especie de ménsula hueca sin revestir por dentro, donde ponen directamente los huevos.

En los insectos de los órdenes *Lepidoptera* y *Trichoptera*, los hilos de seda salen por un par de aperturas externas de las glándulas que segregan la seda, localizadas en los labios. En la mayoría de las especies, los dos hilos se funden en una sola hebra.

Las arañas tienen tres pares de hileras y conectadas a ellas, siete tipos de glándulas productoras de seda, de modo que a cada par de hileras le corresponde más de una. Dependiendo de para qué se vaya a emplear la seda, se combinan diferentes hilos extruidos de uno o más pares de hileras.

Nidos de salanganas.

Los arácnidos emplean un hilo separado a modo de andamio para construir sus telas; esta hebra extra, que estabiliza los hilos radiales y facilita la movilidad de la araña durante la fase de construcción, se suprime cuando la obra está terminada.

Las redes de suspensión de varias especies de arácnidos han sido extensivamente estudiados al microscopio en el Instituto de Estructuras Superficiales Ligeras, de la Universidad de Stuttgart, bajo la dirección de Frei Otto. Y estos estudios han revelado la sorprendente complejidad estructural y la lógica de estas construcciones, que las arañas han desarrollado durante decenas de millones de años. A medida que nuestras propias estructuras tensoras se hacen más refinadas, van teniendo más detalles semejantes a los de las construcciones de los arácnidos.

La araña produce cinco tipos diferentes de hilo que corresponden a cinco objetivos estructurales:

1. Hilo a tracción. Las *glandulae ampullaceae* de la araña segregan un hilo a tracción conforme esta se mueve. El hilo a tracción sirve de mecanismo de seguridad para la araña, pero también se emplea a modo de filamento flotante para volar o para tender puentes.
2. Discos de unión. La araña segrega un material ligeramente líquido mediante unas glándulas especiales, las *glandulae piriformis*, que se endurece formando unos hilos finos; estos hilos proporcionan unos discos de unión resistentes para fijar el hilo a tracción en la superficie de materiales sólidos, pero también se emplea para pegar los hilos que se cruzan.
3. Hilo para formar capullos. Las hembras no ponen los huevos sueltos, sino que los encierran en un saco ovífero. Las *glandulae tubiloformes* secretan estos hilos, que también se emplean en la construcción.
4. Hilo para envolver. La mayoría de las arañas enjaulan a sus presas en apretados envoltorios de seda. La glándula que produce este hilo se denomina *glandulae aciniformes*. Las vendas o envoltorios se suelen ingerir con la presa, y el material es reutilizado por el cuerpo de la araña.

5. Hilo de captura. Estos hilos atrapan todo lo que los toca. Se emplean dos tipos de glándula dependiendo de que se trate de arañas con cribelo o sin él.

Las bandas acanaladas que producen las arañas dotadas de cribelo son filamentos adhesivos. Una urdimbre seca horizontal compuesta de hilos muy finos se fija sobre dos urdimbres paralelas verticales que se originan en las glándulas vesiculares de las hileras anteriores. Cada uno de estos filamentos se origina en una glándula y un conducto de hilado diferentes, localizados sobre el cribelo. Una hembra madura de *Stegodyphus pacificus* tiene cerca de 50.000 de estos conductos.

Los hilos de captura de las arañas sin cribelo son hilos pegajosos que solo fabrican algunas familias de arañas. Este hilo de captura consta de dos filamentos axiales sobre los que los conductos de hilado adyacentes vierten una sustancia viscosa ligeramente líquida. Esta sustancia forma gotas viscosas.

Las arañas lubrifican sus patas y otras partes del cuerpo que están en contacto con la red con una sustancia oleosa que segregan sus glándulas salivares.

Los finos filamentos que segregan los gusanos de la seda han sido utilizados por el hombre durante más de 3.000 años. El cultivo de la seda era uno de los secretos atesorados por los chinos hasta que el emperador romano Constantino consiguió unos capullos que habían sido sacados de contrabando de China. De los huevos de la mariposa de la seda adulta salen las pequeñas orugas. Alimentadas con hojas de morera crecen rápidamente e hilan unos capullos de seda. Un solo hilo devanado de un capullo puede medir 500 metros. Hoy en día se producen millones de kilos de seda en bruto para todo tipo de fines comerciales. Además de emplearse como material para prendas de vestir de alta gama, los filamentos de seda se utilizaban antiguamente como sedal en las cañas de pesca y cuerdas en los instrumentos musicales. Los filamentos de seda segregados por las arañas se han empleado como retícula en el instrumental óptico debido a su finura. La estructura molecular básica de la seda de los gusanos y de las arañas es notablemente parecida; en ambos casos se trata de polímeros proteicos con una gama de aminoácidos.

Un buen número de aves emplean capullos de seda o telas de araña en la construcción de sus nidos. Una aplicación especial es la combinación de la seda con partículas de musgo, formando una maraña que recuerda la textura de un material fabricado por el hombre, el velcro.

ENROLLADO Y PLEGADO

El principio de este tipo de construcción es crear estructuras tridimensionales por el procedimiento de enrollar o plegar las hojas de las plantas. La forma más sofisticada de este proceso se debe a los insectos comedores de hojas, como el gorgojo de los álamos (*Byctiscus populi*).

El gorgojo del abedul (*Deporatus betulae*) presenta otra modalidad de enrollado y, por consiguiente, de la forma geométrica resultante: la hoja es enrollada en sentido transversal, es decir, el eje del rollo forma una tangente con la zona donde será cortada la hoja. Los jugos de la planta que salen de las perforaciones realizadas por el escarabajo en la superficie de la hoja proporcionan una especie de cola que mantiene el rollo en su sitio hasta que se seca.

El escarabajo completa su trabajo cortando el peciolo, con lo cual la hoja cae al suelo.

Y otra técnica más de enrollado es la utilizada por la oruga *Striglina scitaria*. Partiendo de un borde, la larva enrolla la hoja sobre si misma con la ayuda de unos hilos de seda. El rollo, una vez terminado, permanece unido a la hoja.

PEGADO

Este método de construcción utiliza la combinación de dos materiales: unos elementos más o menos compactos y un adhesivo para unirlos. Este es el procedimiento empleado por los albañiles humanos. El adhesivo suele ser una sustancia que segrega el propio animal constructor: mucosa o seda.

Los "ladrillos" pueden ser segregados por el propio animal como en el caso del protozoo ameboide *Euglypha rotunda*, cuyo refinado estuche está construido con placas de sílice producidas internamente.

Ya se han mencionado previamente las diminutas construcciones de las larvas de las frigáneas y la precisión con la que están dispuestos sus materiales. Las construcciones de la frigánea *Silo papilles*, en particular, recuerdan en su perfección la arquitectura inca o los mosaicos más refinados.

Otra larva de frigánea, la *Lepidostoma hirtum*, construye su vivienda con paneles prefabricados similar a las construcciones humanas de este tipo. Los paneles proceden de tejidos vegetales que la larva corta en curva con sus mandíbulas. De nuevo, la estructura regular es el resultado de una complicada serie de reflejos constructores.

Pez espinocho con sus nidos.

La abeja albañil (*Chalicodoma muraria*) construye unas hermosas bóvedas de piedra cerradas, generalmente en grupos de doce, con arena o polvo de roca humedecido con saliva.

El macho del pez espinocho (*Gasteroteus aculeatus*) da forma a sus nidos pegando trozos de vegetación con una sustancia que segregan sus riñones.

TEJIDO

Dos grupos de pájaros han desarrollado de forma independiente en dos regiones del mundo la técnica de tejer: los pájaros tejedores africanos, relacionados con el gorrión común y distribuidos por todo el mundo, y las oropéndolas de América Central y del Sur, que son mucho más grandes. La evolución desde un nido apoyado hasta un nido colgado ha permitido a este grupo de aves ocupar lugares más seguros, al resguardo de los depredadores. En los objetos tejidos, el material resultante se sostiene sin necesidad de adhesivos. La principal diferencia con las telas de los humanos es que nosotros utilizamos unos hilos muy largos en las urdimbres longitudinal y transversal, pero ninguno de los animales tejedores es capaz de hilar los filamentos con los que trabaja. Hay animales que hilan, pero esos emplean otros métodos de construcción.

La técnica del tejido requiere dos cualidades por parte del animal artesano: una herramienta anatómicamente especializada, como el pico del pájaro, y una pauta de conducta que permita seguir el recorrido del hilo. Según Hansell, la técnica de tejido más desarrollada es el resultado de la evolución de una tendencia a invertir el sentido de una vuelta o bucle, a girar y a dividir un objeto

Tejedores africanos.

Sastrecillo.

en franjas, y a mantener una franja moviéndose constantemente en una dirección. Los diversos puntos y remates de los pájaros tejedores ilustran esta capacidad. El comportamiento instintivo de construir un nido se ejecuta con relación al cuerpo del propio animal, por un lado, y a la parte del nido ya construida, por el otro. La forma y el tamaño del hueco donde se depositan los huevos en los nidos de los pájaros tejedores viene definida por la medida de hasta donde pueden alargar el pico balanceándose en torno al anillo vertical inicial.

Además de las aves tejedoras, los camarones pistoleros de la familia *Alpheidae* han desarrollado una técnica de tejer para unir algas sueltas en una tupida tela.

COSIDO

No existe una diferencia clara entre los procesos de tejido y cosido. En este último proceso se dan claras puntadas, que atraviesan otro material, en lugar de formar una malla. Solo algunas especies de pájaros son capaces de construir con este método.

El nido hecho con hojas de plantas por el sastrecillo común (*Orthotomus sutorius*), que vive en el sur de China, en India y en Asia suroriental, está cosido con seda de telas de araña, cortezas o fibras de algodón; los extremos sueltos de las puntadas están rematados con pequeños nudos para garantizar su sujeción.

Los nidos del arañero piquilargo (*Arachnothera robusta*) están suspendidos del envés de una hoja de banano mediante tiras de material vegetal cosidas a la hoja con filamentos de plantas y telas de araña.

CONSIDERACIONES ESTRUCTURALES

Michael Hansell ha estudiado los artefactos animales también desde el punto de vista de las estructuras de ingeniería. Los animales construyen tanto estructuras de compresión como de tensión, teniendo muy en cuenta las fuerzas físicas que tienen lugar en ellas.

Los castores son unos ingenieros extremadamente hábiles con la tierra y el agua, ya que construyen las estructuras de sus represas para que soporten la presión del agua o las hacen estancas. Pero incluso las larvas de las frigáneas organizan sus diminutas viviendas tubulares en concordancia con ciertas fuerzas predecibles.

Las arañas dotan a sus telas con muchos mecanismos de ingeniería microscópicos a fin de preparar la estructura para el impacto de la presa o de otros intrusos; las telas de los arácnidos tienen varios mecanismos estructurales diseñados para absorber la energía del impacto, para impedir que se rompa toda la estructura.

El nido de la salangana nidoblanco (*Collocalia fuciphaga*) ha adquirido una forma casi óptima para una estructura colgada de una pared de roca.

Las celdas hexagonales de las abejas y las avispas crean una estructura espacial extraordinariamente fuerte, en particular, en el panal vertical formado por dos capas de celdillas unidas por detrás y desplazadas media celda a fin de crear una estructura piramidal tridimensional. Su increíble resistencia queda patente en un panal de 37 × 22,5 centímetros que necesita en su construcción 40 gramos de cera y puede almacenar 1,8 kilos de miel.

Las aves son incluso capaces de tener en cuenta la fuerza del viento en sus construcciones. Los nidos de ciertas especies de pájaros están contrapesados frente al viento, por el procedimiento de introducir tierra o piedrecitas en su interior. El ermitaño gris (*Phaethornis augusti*) cuelga su diminuto nido en forma de copa de un solo hilo de tela de araña sujeto al borde de este. Unos trocitos de arcilla o guijarros entretejidos con tela de araña cuelgan de su base, a modo de contrapeso.

Colibrí ígneo (arriba) y ermitaño (abajo).

ARQUITECTURA DEL PAISAJE ANIMAL

Ya señalábamos antes el elevado grado de adaptación ecológica de las estructuras animales, pero ello no significa que las actividades arquitectónicas de los animales sean insignificantes o invisibles. Ciertos animales son capaces de crear paisajes a una escala que supera todo intento humano.

Las hormigas, por ejemplo, transforman profundamente su entorno físico con los movimientos de tierras y el transporte de plantas y animales hasta el hormiguero, donde los mezclan con la tierra excavada y, por consiguiente, aportan a su zona de cría altos niveles de carbono, nitrógeno y fósforo. En un estudio llevado a cabo en Finlandia se concluyó que las hormigas facilitan que los bosques se extiendan a las zonas de suelo rocoso.

La escala de la transformación es a menudo sorprendente. Michael Hansell cita el ejemplo de los cientos de montículos de hasta 10 metros de alto que cubren grandes zonas del norte de Australia y cuyo origen es motivo de controversia. ¿Fueron levantados estos montículos por los aborígenes australianos o por el telégalo de Reinwart (*Megapodius reinwardti*) que habitan en la zona?

En la Provincia del Cabo, en Sudáfrica, grandes zonas están cubiertas por unos montículos más o menos circulares de unos

Hormiga legionaria.

30 metros de ancho y 2 de alto. Estos montículos parecen ser el resultado de una colaboración entre las termitas *Microhogotermes viator* y las ratas topo (*Bathyergidae*).

Las termitas *Odontotermes*, también en Sudáfrica, son, al parecer, las constructoras de unas elevaciones en forma de ola, cuyas crestas alcanzan los 2 metros y que se extienden hasta 11 kilómetros, cada una a 50 metros de intervalo de la siguiente.

Los conejos y las ovejas han preservado las peculiares comunidades vegetales de las colinas británicas. Según los científicos, las grandes zonas de pasto del mundo podrían ser el resultado de una colaboración entre hombres y animales.

Todos conocemos el impacto que tienen en el paisaje las actividades de construcción y de regulación del agua de los castores. Los castores convierten los bosques en zonas de pasto ribereñas. Pero en el caso de que ningún otro animal haga uso del recién creado biotopo, este volverá a convertirse gradualmente en bosque.

En Estados Unidos se solía pensar que los castores eran nocivos para el bosque, pero hoy son lanzados en paracaídas sobre las zonas boscosas, porque sus represas ayudan a prevenir la erosión del suelo en las zonas elevadas, y las zonas pantanosas que crean proporcionan un hábitat muy adecuado para muchas especies semiacuáticas que contribuyen así a la diversidad del ecosistema.

El castor y su madriguera.

CONSIDERACIONES ECONÓMICAS Y ECOLÓGICAS

Las construcciones animales se ajustan a unos presupuestos estrictos y satisfacen unos rigurosos criterios de efectividad en relación con los costes. Los costes de la arquitectura animal no se miden en términos monetarios, sino en términos energéticos y el tiempo empleados en el proceso de construcción. El animal arquitecto ha de considerar la disponibilidad y adecuación de los materiales y otros factores que afectan a los costes de la construcción, tales como el transporte, además de la eficacia funcional del producto mismo. Asimismo, en las construcciones animales cuanto más sencillo es el proceso más bajo será el coste.

Como señala Michael Hansell, los animales también buscan que su inversión les reporte unos beneficios satisfactorios. En este sentido, cita como ejemplo la red de mucus del gusano marino *Chaetopterus*. La red es secretada a una velocidad de un milímetro por segundo, captura alimento de forma eficiente y luego, todo el mucus es ingerido a la vez que el alimento, resultando pues, una estructura económica.

Los animales tienden a construir en los momentos en los que los costes son más bajos. El hornero común común (*Furnarius rufus*), por ejemplo, construye un laborioso nido de barro a un

Aviones zapadores y sus nidos.

alto coste. La actividad constructora, sin embargo, se extiende a lo largo de los meses de invierno, a rachas que coinciden con momentos de tiempo benigno y lluvioso, que es cuando el pájaro puede encontrar con más facilidad barro blando.

La utilización prolongada y el reciclado son, claro está, una importante consideración económica. Los termiteros se utilizan durante siglos, y ciertas partes de los nidos de los pájaros, o los nidos enteros en el caso de los aviones roqueros se utilizan varias veces. El reciclado de los materiales del panal es también una práctica común entre las abejas, las avispas y las hormigas. La abeja melífera asiática chica (*Apis florea*), por ejemplo, roe la cera de su panal abandonado, lo transporta en los cepillos de las patas y construye el nuevo con el mismo material, ahorrando así la energía que habrían tenido que emplear en la producción de la cera. Los capullos vacíos de las mariposas son utilizados por el abejorro común (*Bombus agrorum*), como recipientes para almacenar néctar y polen. La primitiva hormiga ponerina (*Prionopelta amabilis*) utiliza fragmentos de lo que fueron capullos de seda para forrar las cámaras de incubación y controlar así la humedad de las mismas, mientras que muchos pájaros de pequeño tamaño emplean en sus construcciones la seda de las arañas o de las orugas de las mariposas.

Dado que el material base, la proteína del filamento de seda, es metabólicamente costoso, las arañas han desarrollado una forma de ahorrarlo: se comen ese filamento, pero la proteína atraviesa el aparato digestivo de una forma aún desconocida, y no tarda en almacenarse en las hileras para la fabricación de una nueva tela.

La arquitectura animal guarda un perfecto equilibrio dinámico con su contexto ecológico. Los animales constructores no agotan sus recursos naturales o causan problemas con los residuos o la contaminación.

El comportamiento constructor tiene, indudablemente, una base genética, como señala Hansell, y el cambio genético podría dar lugar, por consiguiente, a una novedad fenotípica en el artefacto acabado. Esta novedad sería expuesta entonces a las fuerzas de la selección natural. Si es ventajosa, se difundirá su uso y, tal vez, llegue a sustituir al anterior estilo arquitectónico. Según Hansell, los cambios en las características de las estructuras animales indican un cambio en el tipo de vida del constructor. Los cambios que las actividades del hombre han producido en el medio obligan también a los animales a modificar sus comportamientos y sus modos de construir. Las ardillas y los pájaros, por ejemplo, que solían utilizar la barba de peregrino —un liquen— en sus construcciones hoy se ven obligados a emplear sucedáneos del mismo, como la fibra de lana artificial que se emplea de aislante en las construcciones humanas, ya que la barba de peregrino ha desaparecido debido a la contaminación atmosférica.

La contaminación química también puede afectar la arquitectura animal de una forma desastrosa. Se ha estudiado, por ejemplo, que la capacidad constructora de ciertos arácnidos disminuye cuando los animales son expuestos a los compuestos tóxicos DDT y PCB: las telas resultantes son asimétricas y deformes.

La lenta evolución de los artefactos animales puede compararse con los procesos de la tradición en las sociedades humanas. La tradición es una fuerza de cohesión que ralentiza los cambios y somete la invención individual a unos patrones que son resultado del tiempo y de la comprobación. Es esta interacción de cambio y rigurosa comprobación por parte de las fuerzas de la ley de la selección lo que se ha perdido en la arquitectura de la era industrial. La arquitectura humana tiende a evolucionar más en función de las fuerzas de los valores culturales y sociales que en función de las fuerzas del mundo orgánico y natural.

Hansell hace gran hincapié en que sería un error suponer que los cambios que se producen en la arquitectura animal son la causa de otros cambios evolutivos. Tras la caída de la Gran Utopía, nosotros también hemos perdido la fe en el papel redentor de la arquitectura. Sin embargo, Hansell cree que los cambios en el terreno de la arquitectura podrían ir acompañados de otros cambios en el estilo de vida del animal. Y parece que esa interdependencia funciona también en el caso del hombre.

A mi parecer, es esencial que nuestras construcciones sean también estudiadas en sus contextos antropológico, socioeconómico y ecológico, además de en el marco metafísico y estético del pensamiento arquitectónico tradicional.

LAS LECCIONES DE LA ARQUITECTURA ANIMAL

Quiero sugerir aquí lo que podríamos aprender del estudio de la lenta y gradual evolución y adaptación de las construcciones animales, ya que nosotros, los arquitectos de la era electrónica, tendemos, por el contrario, a inventar un nuevo estilo arquitectónico para cada temporada. Las construcciones animales son una ventana abierta sobre los procesos de la evolución, de la tradición y de la adaptación ecológica. Las hormigas constituyen la mayor biomasa y son el grupo animal más numeroso, así como el más extendido, incluido el hombre, debido a su soberbia capacidad de adaptación a las condiciones del medio. Además, se encuentran entre las criaturas con un mayor nivel de sociabilidad. El estudio de las hormigas ha inspirado a quienes investigan sobre el comportamiento altruista.

Parece que la racionalidad ecológica y la funcionalidad no han primado tanto en los edificios humanos debido a que nuestra arquitectura es también una manera de intentar comprender y simbolizar el mundo, así como un deseo de inmortalidad.

"La arquitectura no trata solo de domesticar el espacio —dice el filósofo Karsten Harries—, sino que también es una profunda defensa contra el terror del tiempo. El lenguaje de la belleza es esencialmente el lenguaje de la realidad intemporal". O cómo diría el joven Alvar Aalto: "La forma no es más que el deseo de una vida eterna en la Tierra".

La arquitectura es más un mediador mental entre el mundo y nosotros mismos que un mediador entre los modos de vida humanos y el contexto ecológico. La funcionalidad en la arquitectura humana siempre está mediatizada por los factores culturales, psíquicos y estéticos. Y como consecuencia de ello, en las construcciones humanas hay una tendencia inherente a alejarse del equilibrio ecológico: el comportamiento humano y las construcciones humanas se han distanciado peligrosamente de su contexto ecológico. Nuestra arquitectura está condenada a comprometer su funcionalidad porque en nuestras construcciones también queremos representar simbólicamente nuestro mundo. La arquitectura humana obedece más a unas directrices culturales, metafísicas y estéticas que a una lógica y un funcionalismo puros.

Los ejemplos de la arquitectura animal representan un funcionalismo ecológico sin compromisos. Las termitas, por ejemplo, construían sus termiteros de la misma forma que los construyen hoy decenas de millones de años antes de que caminasen sobre la Tierra nuestros primeros antepasados primates. Y sin duda seguirán construyendo sus rascacielos con aire acondicionado automático mucho después de que el *Homo sapiens* haya desaparecido de la faz de la Tierra.

En el transcurso de los últimos 450 años, desde Copérnico, hemos dejado de pensar que la Tierra era el centro del universo. Sin embargo, seguimos pensando en la naturaleza y en el reino animal solo desde nuestro punto de vista. Esto queda ejemplificado en los cuentos y fábulas infantiles que visten a los animales como personas y los hacen habitar en casas que son como miniaturas de nuestra propia arquitectura. Frente a la necesidad urgente de unas formas de vida y de una arquitectura mejor adaptadas ecológicamente, hemos de invertir esa imagen: tal vez deberíamos empezar a imaginarnos viviendo en casas inspiradas por las construcciones de los grandes maestros constructores del mundo animal.

Mayor eficacia y sofisticación son claramente los objetivos del proceso de evolución de la arquitectura animal. La arquitectura de los animales nos enseña que la vía apropiada hacia esa arquitectura humana ecológicamente consciente que hoy todos reclamamos no es la que lleva de vuelta hacia unas formas de construcción primitivas, sino la que conduce hacia una avanzada sofisticación tecnológica. La evolución avanza hacia un refinamiento cada vez más sutil, no al contrario. La arquitectura animal también respalda la creencia funcionalista en la interdependencia entre la razón y la belleza. Sin embargo, la lección más importante que podemos aprender de las insuperables maravillas de las construcciones animales es la de la humildad, una humildad que, a veces, todos necesitamos.

BIBLIOGRAFÍA

Allaby, Michael, *Animal Artisans*, Alfred A. Knopf, Nueva York, 1982.
Bachelard, Gaston, *La Poétique de l'espace*, Presses Universitaires de France, París, 1957 (versión castellana: *La poética del espacio*, Fondo de Cultura Económica, Ciudad de México, 1965).
Beck, Benjamin B., *Animal Tool Behaviour: The Use and Manufacture of Tools by Animal*, Garland STPM Press, Nueva York, 1980.
Benyus, Janine M., *Biomimicry: Innovation Inspired by Nature*, William Morrow, Nueva York, 1997 (versión castellana: *Biomímesis: innovaciones inspiradas por la naturaleza*, Tusquets, Barcelona, 2002).
Collias, Nicholas E. y Elsie C., *Nest Building and Bird Behaviour*, Princeton University Press, Princeton, 1984.
Campbell, Bruce y Lack, Elizabeth (eds.), *A Dictionary of Birds*, T&AD Poyser, Calton, 1985.
Ellis, Malcolm (ed.), *Animal Specialists: Builders*, J. M. Dent and Sons, Londres, 1979.
Evans, Howard E. y West Ebenhard, Mary Jane, *The Wasps*, University of Michigan Press, Ann Arbor, 1970.
Fabre, Jean-Henri, *Scène de la vie des insectes*, Nelson, París, 1933.
Frisch, Karl von, *Tiere als Baumeister* [1940], Ullstein, Fráncfort/Berlín/Viena, 1978

Guidoni, Enrico, *Architecttura primitiva*, Electa, Nueva York, 1987 (versión castellana: *Arquitectura primitiva*, Aguilar, Madrid, 1989).

Hancocks, David, *Animals and Architecture*, Hugh Evelyn, Londres, 1971.

Hansell, Michael H., *Animal Architecture and Building Behaviour*, Longman, Londres/Nueva York, 1984.

—, *The Animal Construction Company*, Hunterian Museum and Art Gallery, Glasgow, 1999.

—, "The Ecological Impact of Animal Nests and Burrows", *Functional Ecology*, vol. 1, núm. 1, Londres, 1993.

—, "What's so Special about Tools?", *New Scientist*, núm. 8, Londres, enero de 1987.

Havas, Paavo y Sulkava, Seppo, *Suomen luonnon talvi*, Kirjayhtymä, Helsinki, 1987.

Hölldobler, Bert y Wilson Edward O., *The Ants*, Harvard University Press, Cambridge (Mass.), 1990.

Kaija Kangasniemi (ed.), *Kodin suuri elüinkirja* (regiones 1-10), Weilin & Göös, Espoo, 1981.

Leakey, Richard E. y Lewin, Roger, *Origins*, MacDonald and Jane's, Londres, 1979 (versión castellana: *Los orígenes del hombre*, Aguilar, Madrid, 1980).

Lee, K. E. y Wood, T.G., *Termites and Soils*, Academic Press, Londres, 1971.

Morgan, Lewis, *The American Beaver* [1868], Dover Publications, Nueva York, 1986.

Mitchell, James y Stein, Jess (eds.), *The Random House Encyclopedia*, Random House, Nueva York, 1990.

Reuter, O. M., *De lågre djurens själslif*, Samson & Wallin, Estocolmo, 1886.

Rudofsky, Bernard, *The Prodigious Builders*, Harcourt Brace Jovanovich, Nueva York/Londres, 1977.

Sire, Marcel, *La Vie sociale des animaux*, Éditions du Seuil, París, 1960 (versión castellana: *La vida social de los animales*, Martínez Roca, Barcelona, 1968).

Spoczynska, Joy O. I., *The World of the Wasp*, Frederich Muller Limited, Londres, 1975.

Tinbergen, Niko, *Animal Behaviour*, Time-Life International, 1966 (versión castellana: *Conducta animal*, Time-Life International, 1968).

Vander Wall, Stephen B., *Food Hoarding in Animals*, The University of Chicago Press, Chicago, 1990.

Wood, J. G., *Homes without Hands*, Longmans, Green, and Co., Londres/Nueva York, 1889.